101 spannende Experimente

aus Wissenschaft und Technik

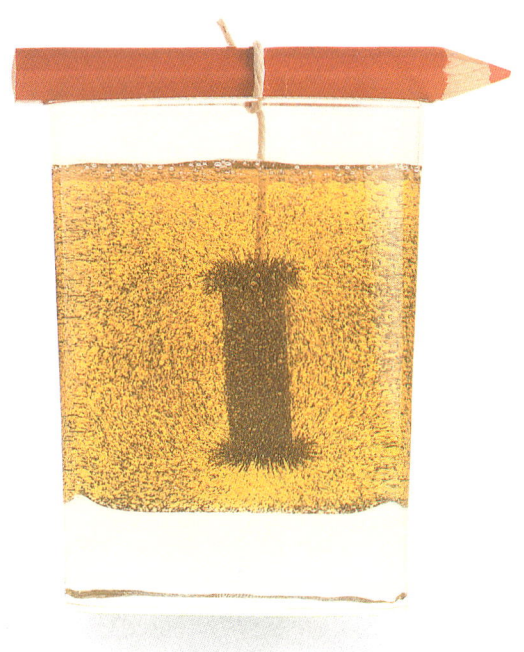

101 spannende
Experimente
aus Wissenschaft
und Technik

Neil Ardley

Loewe

Ein Dorling Kindersley Buch
Originaltitel:
101 great Science experiments

Die Deutsche Bibliothek – CIP-Einheitsaufnahme

Ardley, Neil:
101 spannende Experimente aus Wissenschaft
und Technik / Neil Ardley
Aus dem Engl. übers. von Armin Kyrieleis
1. Aufl. – Bindlach: Loewe 1996
Einheitssacht.: Dorling Kindersley 101 great Science
experiments <dt.>
ISBN 3-7855-2959-7

ISBN 3-7855-2959-7 – 1. Auflage 1995
© für die deutsche Ausgabe by Loewe Verlag Bindlach, 1996
Aus dem Englischen übersetzt von Armin Kyrieleis
Umschlaggestaltung: Karin Roder
Satz: DTP im Verlag

Inhalt

Luft und Gase

Wasser und Flüssigkeiten

Heiß und kalt

Licht

Luft und Gase

Überall um dich herum ist Luft – aber du bemerkst sie meistens gar nicht. Sie ist unsichtbar und nur bei starkem Wind zu spüren. Aber du atmest ständig Luft ein. Ebenso wie Tiere und Pflanzen brauchst du sie zum Leben. Luft ist auch nötig, um Treibstoff zu verbrennen, damit Maschinen angetrieben werden. Flugzeuge nutzen die Luft zur Fortbewegung. Luft besteht aus „Gasen"; das sind Stoffe, die keine feste Form haben und die sich in jeden Hohlraum hinein ausdehnen können.

Schwebende Ballons

Diese Ballons sind mit dem Gas Helium gefüllt. Helium ist leichter als Luft, deshalb steigt es auf und trägt die Ballons mit sich.

Stickstoff

Sauerstoff

Kohlendioxid und andere Gase

Argon

Herabgleiten

Ein Fallschirmspringer gleitet langsam und sicher zur Erde, weil Luft in den Fallschirm hineindrückt und diesen bremst. Die Hauptbestandteile der Luft sind die Gase Stickstoff und Sauerstoff. Außerdem enthält sie geringe Mengen anderer Gase.

Stützende Luft

Eine Fahrradpumpe preßt Luft in den Fahrradschlauch. Die Luft drückt gegen die Wand des Schlauches, der dadurch ganz prall wird. Der Schlauch wiederum drückt von innen gegen den Mantel, so daß er das Gewicht von Fahrrad und Fahrer trägt.

Tief einatmen

Beim Einatmen strömt Luft in die Lunge. Du kannst feststellen, wieviel Luft deine Lunge aufnehmen kann. Atme tief ein, und blase dann durch einen Schlauch in ein umgedrehtes, mit Wasser gefülltes Glas, das in einer Wanne voll Wasser steht. Die ausgeatmete Luft drückt das Wasser aus dem Glas heraus.

1 Mit Luft zerdrücken

Zerdrücke eine Plastikflasche, ohne sie zu berühren! Die Luft erledigt das für dich. Sie drückt gegen jede Oberfläche. Das ist der sogenannte „Luftdruck".

Du brauchst

Eis

Trichter

heißes und kaltes Wasser

Plastikflasche

Glasschale

1 Stelle die Plastikflasche aufrecht in die Glasschale. Gieße heißes Wasser in die Flasche, und warte einen Augenblick.

2 Lege die verschlossene Flasche in die mit Eis gefüllte Schale, und übergieße sie mit kaltem Wasser. Stelle sie dann aufrecht hin.

3 Die Flasche wird zusammengedrückt! Die warme Luft in ihr ist abgekühlt und übt weniger Druck auf die Flaschenwand aus. Deshalb ist nun der Luftdruck von außen größer. Er drückt die Flasche zusammen.

2 Mit Luft verschließen

Wasser bleibt in einem umgedrehten Glas! Ein Stück Pappe verschließt wie durch Zauberhand das Glas. Der Luftdruck preßt die Pappe nach oben, gegen das Glas. Der Druck ist stark genug, um das nach unten drückende Wasser im Glas zu halten.

Du brauchst

ein dünnes Stück Pappe

Glas

Wasser

Der Rand muß glatt sein.

1 Halte das Glas über ein Waschbecken. Fülle es fast ganz mit Wasser.

2 Lege die Pappe so auf das Glas, daß sie überall dicht auf dem Rand aufliegt.

3 Halte die Pappe auf dem Glas, und drehe alles um. Laß die Pappe los. Das Wasser bleibt im Glas!

3 Wiege die Luft

„Federleicht" nennen wir Dinge, die wenig wiegen. Luft ist sogar noch leichter als eine Feder. Doch auch sie hat ein Gewicht, wie der Versuch zeigt.

Du brauchst

Ballonpumpe

zwei Luftballons

einen langen, dünnen Holzstab

Lineal

Klebeband

zwei Reißzwecken

Gummiring

Bleistift

Bindfaden

1 Miß mit dem Lineal die Mitte des Holzstabes ab, und markiere sie.

2 Drücke beidseits der Markierung eine Reißzwecke hinein.

3 Knote in der Mitte des Gummiringes eine Schnur fest.

Falls der Holzstab nicht im Gleichgewicht ist, befestige etwas Knete am höheren Ende.

Klebe den Ballon mit dem Mundstück am Holzstab fest.

4 Schlinge die beiden Schlaufen des Gummiringes um die Reißzwecken.

5 Klebe den einen leeren Luftballon ans Ende des Holzstabes.

6 Klebe den zweiten Ballon ans andere Ende des Stabes. Prüfe wieder das Gleichgewicht. Dann nimm einen Ballon weg, und puste ihn auf.

Verschiebe einen der Ballons, falls das Holz nicht im Gleichgewicht ist.

Der aufgeblasene Ballon ist schwerer, weil er jetzt viel Luft enthält.

Der leere Ballon enthält ganz wenig Luft, deshalb ist er leichter als der aufgeblasene.

7 Verknote den aufgeblasenen Ballon, und klebe ihn an der alten Stelle wieder auf das Holz. Der Stab neigt sich zur Seite dieses Ballons.

Mit dem Strohhalm trinken
Wenn du mit einem Strohhalm trinkst, hilft dir der Luftdruck. Beim Saugen verringerst du den Luftdruck im Halm. Der Luftdruck von außen drückt auf die Flüssigkeit und preßt sie im Strohhalm nach oben.

4 Entdecke die Gase in der Luft

Lösche eine Kerze, ohne zu pusten oder sie zu berühren! Dieser Versuch zeigt, daß Luft ein Gemisch aus unsichtbaren Gasen ist. Eines davon ist besonders wichtig: der Sauerstoff, ohne den kein Feuer brennt.

Du brauchst

Kerze

gefärbtes Wasser

hohes Trinkglas

Schale und einen Kerzenhalter

1 Stecke die Kerze in den Kerzenhalter, und stelle ihn in die Schale. Gieße das Wasser hinein.

⇧⇧ **2** Bitte einen Erwachsenen, die Kerze anzuzünden. Dann stülpe das Trinkglas darüber. Warte eine Weile.

Die Flamme verbraucht den Sauerstoff im Glas.

Das Wasser nimmt den Raum des verbrauchten Sauerstoffs ein. Das verbleibende Gas ist nicht brennbarer Stickstoff.

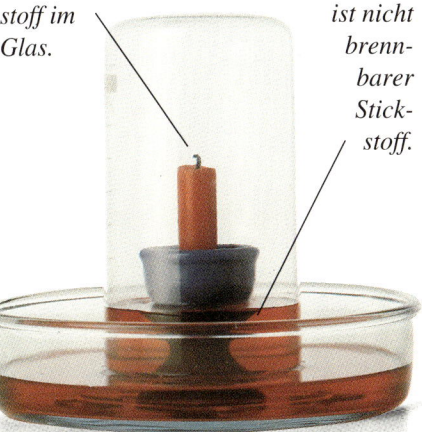

3 Zuerst steigt der Wasserpegel im Glas, und dann erlischt plötzlich die Kerzenflamme!

Luft und Energie
Autos gewinnen ihre Energie aus der Verbrennung von Treibstoff. Die Energie zum Heizen und für den Betrieb von Maschinen wird meist in Ölbrennern erzeugt. Jede Verbrennung benötigt Sauerstoff aus der Umgebungsluft.

5 Erzeuge ein Gas

Blase einen Ballon auf – ohne selbst zu pusten oder eine Pumpe zu gebrauchen! Das gelingt dir, indem du ein Gas erzeugst und es in den Ballon „hineinbeförderst". Das Gas heißt Kohlendioxid. Du kennst es als aufsteigende Bläschen in Mineralwasser und Limonade.

Du brauchst

Natron (aus der Apotheke)

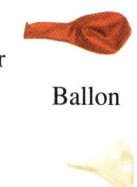

Ballon

Essig

Trichter

Flasche mit engem Hals

1 Gieße Essig in die enghalsige Flasche, bis sie etwa zu einem Viertel gefüllt ist.

2 Fülle mit Hilfe des Trichters etwas Natron in den Ballon.

3 Stülpe die Öffnung des Ballons über den Flaschenhals.

Achte darauf, daß das Natron im Ballon bleibt.

Schäumende Getränke

Schüttle eine Flasche Limonade, drehe dann den Verschluß ab. Die Limonade schäumt! Solange die Flasche verschlossen ist, ist das Kohlendioxid in der Flüssigkeit gelöst, weil es unter Druck steht. Ohne den Verschluß sinkt der Druck: Das Gas bildet Blasen, die die Flüssigkeit mit nach oben reißen.

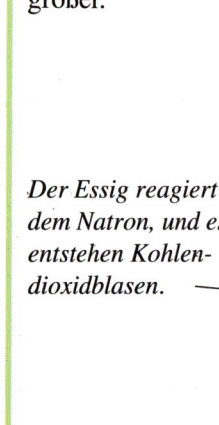

4 Hebe den Ballon an, so daß das Natron in die Flasche rieselt. Der Essig beginnt zu schäumen, und der Ballon wird langsam größer.

Je mehr Gas entsteht, desto stärker wird der Druck: Der Ballon wächst.

Der Essig reagiert mit dem Natron, und es entstehen Kohlendioxidblasen.

6 Laß einen Vulkan ausbrechen

Baue ein Modell eines Vulkans, und laß ihn ausbrechen! Du kannst „heiße, rote Lava" fließen lassen. Sie ist natürlich nicht echt, aber das Modell ist eindrucksvoll.

Du brauchst

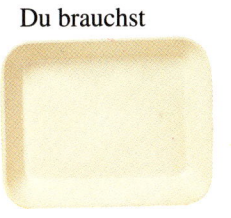   

eine große Schale   Essig   kleine Plastikflasche   Natron

Trichter   rote Lebensmittelfarbe   Sand und Kies

1 Gieße die rote Lebensmittelfarbe in den Essig. So erzeugst du „rote Lava" wie bei einem echten Vulkan.

2 Nimm den Trichter, und fülle die Plastikflasche zur Hälfte mit Natron. Stell die Flasche in die Mitte der Schale.

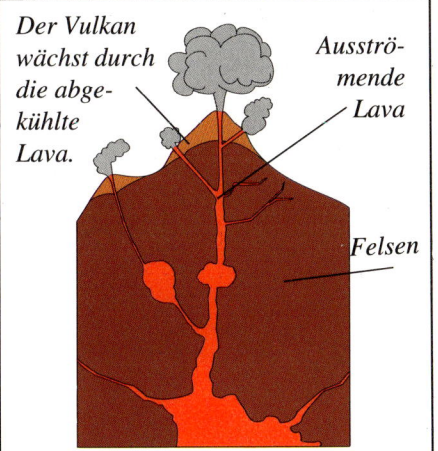

Der Vulkan wächst durch die abgekühlte Lava.

Ausströmende Lava

Felsen

3 Schichte zuerst den Kies und dann den Sand als Vulkankegel um die Flasche auf. Die Öffnung der Flasche bleibt frei. Gieße etwas roten Essig in die Flasche – und der Vulkan bricht aus!

In der Flasche entstehen Kohlendioxidblasen, die den roten Essig herauspressen.

Ein Berg explodiert

Ein langer Gang führt vom Vulkangipfel zu einer riesigen, unterirdischen Kammer. Sie ist mit glutflüssigem Gestein und sehr heißen Gasen gefüllt. Der Gasdruck preßt das geschmolzene Gestein durch den Gang nach oben. Die heiße rote Schmelze, die „Lava", bricht hervor und fließt die Hänge des Vulkans herab. Dort kühlt sie ab und erstarrt. Bei jedem Ausbruch wird neue Lava aufgeschichtet, und so wächst der Vulkan in die Höhe.

7 Laß einen Flügel aufsteigen

Vögel und Flugzeuge schweben am Himmel, weil Luft um ihre Flügel strömt. Baue selbst einen Modellflügel. Daran kannst du zeigen, daß die Luftströmung einen Flügel anhebt und ihn aufsteigen läßt.

Du brauchst

Bindfaden   Strohhalm

Klebeband   Bleistift   Fön   Schere   Tonpapier

1 Falte das Tonpapier so zusammen, daß eine Seite etwas kürzer ist.

2 Dreh das Tonpapier um. Klebe die Kante der längeren Seite genau auf die Kante der kürzeren.

3 Bohre mit einem Bleistift zwei gegenüberliegende Löcher in den Karton.

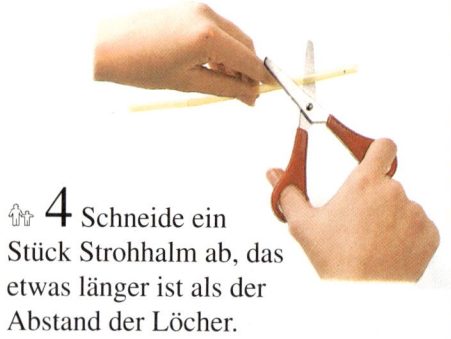

4 Schneide ein Stück Strohhalm ab, das etwas länger ist als der Abstand der Löcher.

5 Schiebe den Strohhalm durch die beiden Löcher, und klebe ihn gut fest.

6 Ziehe den Bindfaden durch den Strohhalm. Knote den Faden an einem hohen Gegenstand fest.

7 Blase mit dem Fön Luft gegen den Flügel. Er steigt am Faden auf! Ist das nicht toll?

Halte den Bindfaden unten fest. Halte den Fön so, daß die Luft über die gewölbte Oberfläche des Flügels strömt.

Wenn Luft über den Flügel strömt, dann steigt er auf.

Wenn Luft strömt, dann sinkt auch deren Druck.

Die unbewegte Luft unter dem Flügel hat einen höheren Druck. Er drückt den Flügel nach oben.

Auseinanderpusten?

Klebe je einen Faden Nähgarn an zwei Tischtennisbälle, und hänge sie in etwa 15 cm Abstand auf. Puste mit einem Strohhalm Luft zwischen die Bälle. Sie fliegen nicht auseinander, sondern rücken zusammen! Strömende Luft hat einen niedrigeren Druck als unbewegte. Der Druck zwischen den Bällen ist geringer als außen. Die Bälle werden zur Mitte geschoben.

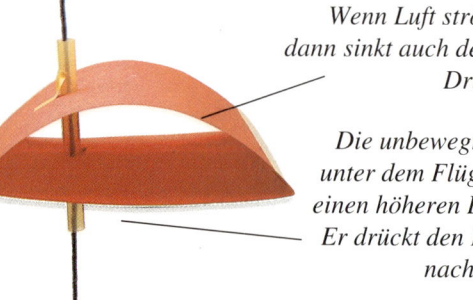

8 Baue einen Düsenantrieb

Flugzeuge fliegen mit hohem Tempo um die Erde. Sie haben starke Düsentriebwerke, die einen kräftigen Luftstrahl erzeugen, der sie vorantreibt. Wie ein Düsentriebwerk funktioniert, zeigt dir der Versuch mit dem sausenden Luftballon.

Du brauchst

Bindfaden

Klebeband Ballon Ballonpumpe Strohhalm

1 Zieh den Bindfaden durch den Strohhalm. Der Faden muß gut gleiten.

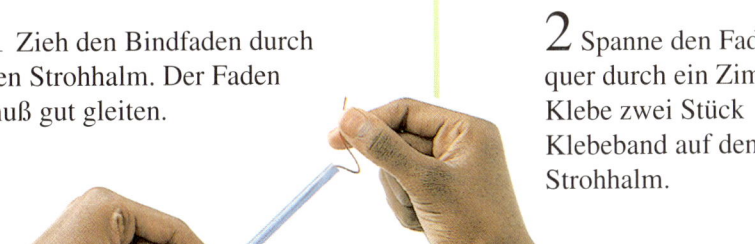

2 Spanne den Faden quer durch ein Zimmer. Klebe zwei Stück Klebeband auf den Strohhalm.

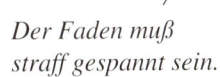

Der Faden muß straff gespannt sein.

Laß keine Luft aus dem Ballon strömen.

3 Blase den Ballon auf. Halte die Öffnung zu, und befestige den Strohhalm am Ballon.

Ein Luftstrahl zischt aus dem Ballon und treibt ihn vorwärts.

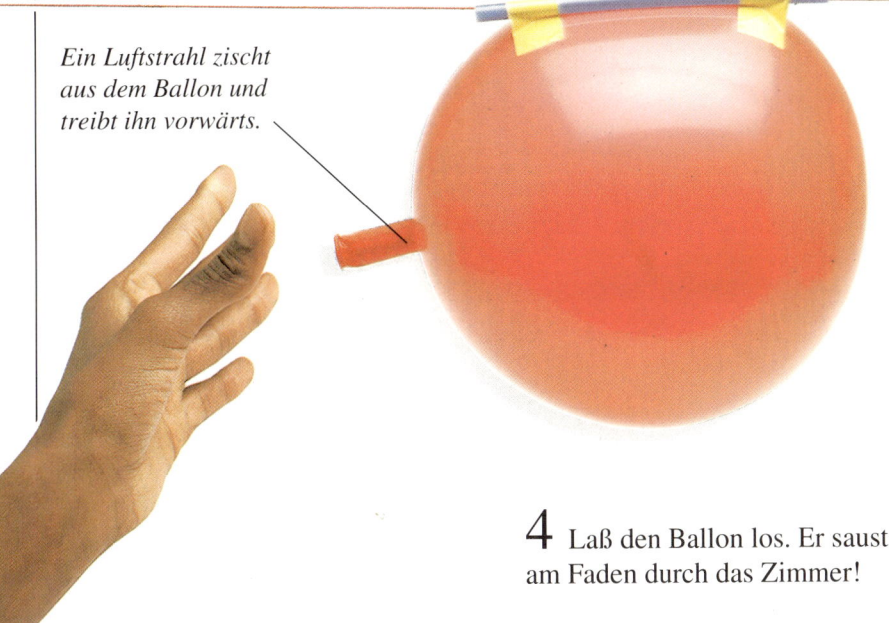

4 Laß den Ballon los. Er saust am Faden durch das Zimmer!

Hohes Tempo

Flugzeuge und Spezialrennwagen arbeiten mit Strahlantrieb. Eine Turbine saugt vorne Luft an und heizt sie durch Verbrennung von Treibstoff auf. Die heiße Luft hat hohen Druck und wird hinten ausgestoßen. Der Rückstoß treibt das Flugzeug oder den Rennwagen an.

13

9 Baue eine Wetterfahne

Du kannst den Wind spüren. Weißt du aber auch, aus welcher Richtung er weht? Ein Wechsel der Windrichtung kann das Wetter beeinflussen. Baue eine Wetterfahne, die dir die Windrichtung anzeigt.

Du brauchst

Schere

Lineal

Klebestift

Reißzwecke

Knetgummi

Plastikdose

Strohhalm, Bleistift mit Radiergummi

Tonpapier

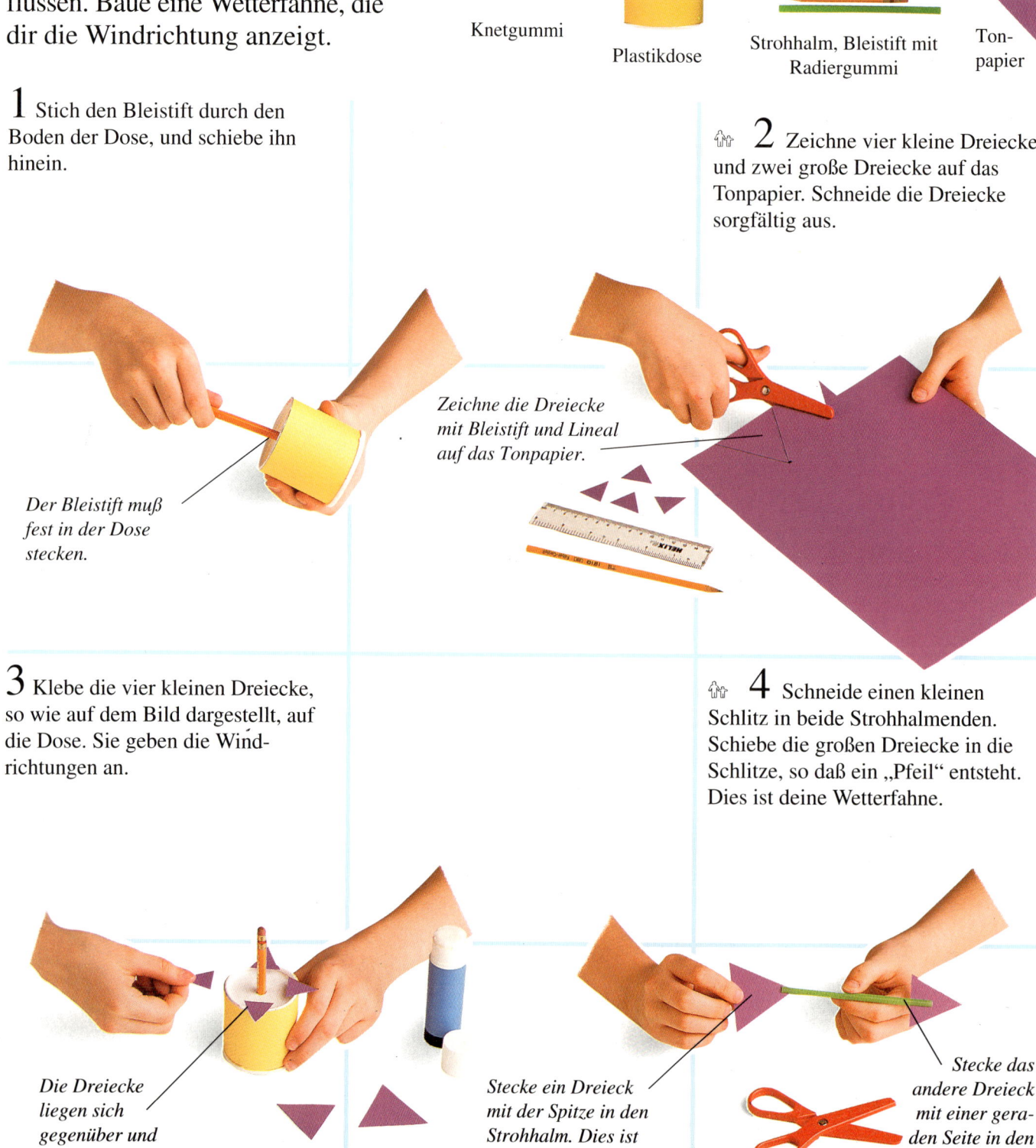

1 Stich den Bleistift durch den Boden der Dose, und schiebe ihn hinein.

Der Bleistift muß fest in der Dose stecken.

2 Zeichne vier kleine Dreiecke und zwei große Dreiecke auf das Tonpapier. Schneide die Dreiecke sorgfältig aus.

Zeichne die Dreiecke mit Bleistift und Lineal auf das Tonpapier.

3 Klebe die vier kleinen Dreiecke, so wie auf dem Bild dargestellt, auf die Dose. Sie geben die Windrichtungen an.

Die Dreiecke liegen sich gegenüber und weisen nach außen.

4 Schneide einen kleinen Schlitz in beide Strohhalmenden. Schiebe die großen Dreiecke in die Schlitze, so daß ein „Pfeil" entsteht. Dies ist deine Wetterfahne.

Stecke ein Dreieck mit der Spitze in den Strohhalm. Dies ist das Hinterende der Wetterfahne.

Stecke das andere Dreieck mit einer geraden Seite in den Halm. Dies ist die Spitze der Wetterfahne.

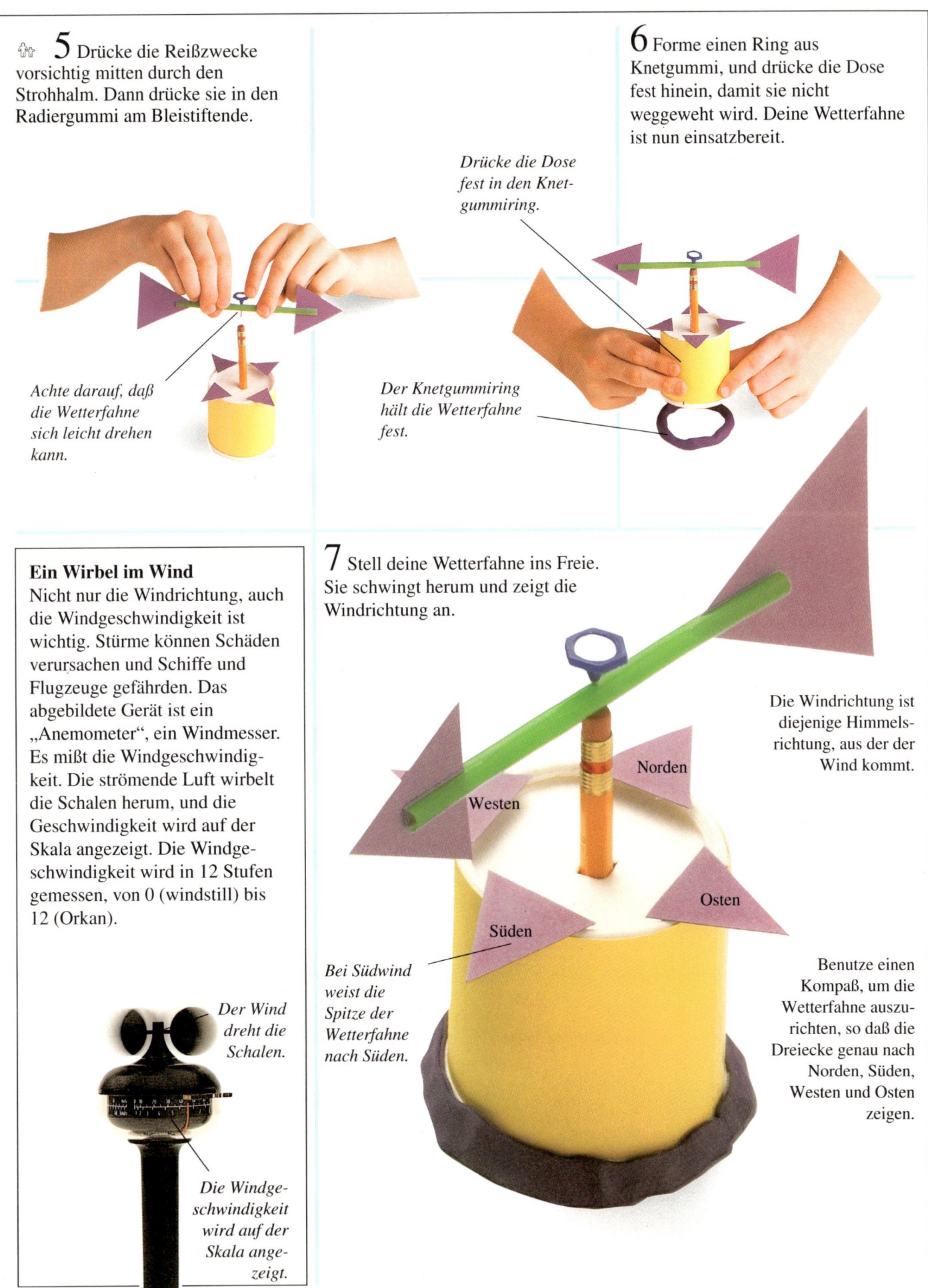

5 Drücke die Reißzwecke vorsichtig mitten durch den Strohhalm. Dann drücke sie in den Radiergummi am Bleistiftende.

Achte darauf, daß die Wetterfahne sich leicht drehen kann.

6 Forme einen Ring aus Knetgummi, und drücke die Dose fest hinein, damit sie nicht weggeweht wird. Deine Wetterfahne ist nun einsatzbereit.

Drücke die Dose fest in den Knetgummiring.

Der Knetgummiring hält die Wetterfahne fest.

Ein Wirbel im Wind

Nicht nur die Windrichtung, auch die Windgeschwindigkeit ist wichtig. Stürme können Schäden verursachen und Schiffe und Flugzeuge gefährden. Das abgebildete Gerät ist ein „Anemometer", ein Windmesser. Es mißt die Windgeschwindigkeit. Die strömende Luft wirbelt die Schalen herum, und die Geschwindigkeit wird auf der Skala angezeigt. Die Windgeschwindigkeit wird in 12 Stufen gemessen, von 0 (windstill) bis 12 (Orkan).

Der Wind dreht die Schalen.

Die Windgeschwindigkeit wird auf der Skala angezeigt.

7 Stell deine Wetterfahne ins Freie. Sie schwingt herum und zeigt die Windrichtung an.

Norden

Westen

Osten

Süden

Die Windrichtung ist diejenige Himmelsrichtung, aus der der Wind kommt.

Bei Südwind weist die Spitze der Wetterfahne nach Süden.

Benutze einen Kompaß, um die Wetterfahne auszurichten, so daß die Dreiecke genau nach Norden, Süden, Westen und Osten zeigen.

Wasser und Flüssigkeiten

Wasser ist wunderbar. Normalerweise ist es flüssig, also ein Stoff, der leicht überall hinfließt. Beim Abkühlen werden Flüssigkeiten fest: Wasser gefriert zu Eis. Beim Erhitzen wird es zu gasförmigem Wasserdampf, der sich mit der Luft vermischt. Du kannst Wasserdampf am Himmel sehen – es sind die Wolken. Wenn der Wasserdampf abkühlt, wird daraus wieder flüssiges Wasser, und es regnet. Ohne Regen könnten wir nicht überleben. Er bewässert unsere Felder und liefert unser Trinkwasser.

Mit Wasser bauen
Ein Schneemann besteht aus festem Wasser! Schneeflocken bestehen nämlich aus Eiskristallen, die bei Frost in den Wolken entstehen.

Wasser zum Leben
Menschen, Tiere und Pflanzen brauchen Wasser zum Leben. Ohne Wasser würden alle Lebewesen austrocknen und sterben.

Welt aus Wasser
Dieses Weltraumfoto der Erde zeigt blaue Ozeane und weiße, regenbringende Wolken. Die wolkenlose Landfläche rechts oberhalb der Bildmitte ist die Wüste Sahara, wo es fast nie regnet.

Die Kraft des Wassers
Wasser verändert das Aussehen des Landes. Das Meer verändert die Küstenformen, und Flüsse graben Täler in Landschaften.

Überwiegend Wasser
In diesen Eimern ist genausoviel Wasser wie im Körper des Mädchens! Wasser macht über die Hälfte unseres Körpergewichts aus.

16

10 Schwimmen und Versinken

Obwohl Schiffe groß und schwer sind, schwimmen sie auf dem Wasser. Eine kleine Murmel hingegen versinkt! Ob etwas schwimmt oder nicht, hängt nicht nur vom Gewicht ab, sondern vor allem davon, wieviel Wasser es „verdrängt", d.h. wegschiebt.

Du brauchst

Knetgummi

Murmeln

Glasschüssel oder Glasvase

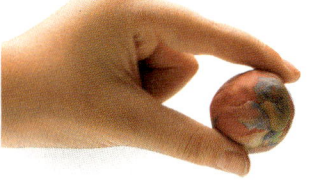

1 Wirf die Murmeln ins Wasser. Sie versinken schnell. Forme aus der Knete eine Kugel.

Die Kugel aus Knete ist schwerer als die Wassermenge, die sie verdrängt.

2 Die Knetgummikugel versinkt. Wie die Murmeln wiegt sie mehr als das von ihr verdrängte Wasser.

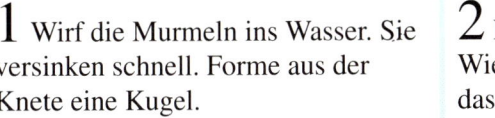
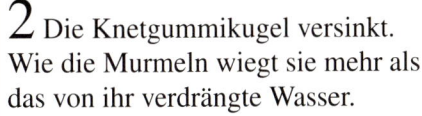

3 Hole die Murmeln und die Knete aus dem Wasser. Forme aus der Knete ein schalenförmiges Floß.

Die nun verdrängte Wassermenge wiegt mehr als das Floß: Es ist leichter als das verdrängte Wasser und schwimmt.

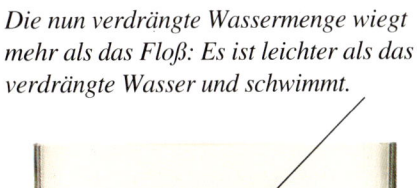

4 Jetzt schwimmt die Knete! Das Floß nimmt mehr Raum ein als die Kugel und verdrängt deshalb mehr Wasser.

Auch mit den Murmeln an Bord schwimmt das Floß.

5 Belade das Floß mit Murmeln. Das Floß sinkt etwas tiefer, aber weil es dadurch noch mehr Wasser verdrängt, schwimmt es weiterhin.

Sicherheitsmarken
Ein überladenes Schiff liegt zu tief im Wasser und könnte sinken. Markierungen am Rumpf zeigen die zulässige Tieflage an.

11 Warum etwas schwimmt

Ein Gegenstand schwimmt, wenn er genug Wasser verdrängt. Aber wieviel Wasser ist „genug"? Sammle das verdrängte Wasser und wiege es. Es wiegt immer genauso viel wie der schwimmende Gegenstand.

Du brauchst

Küchenwaage

Gefäß mit Wasser

großes, hohes Glas

kleines Glas

Tablett oder große Schale

Fülle das große Glas randvoll mit Wasser.

1 Nimm die Waagschale weg, und stelle die Waage wieder auf Null ein. Setze die Waage in das Tablett. Stell das große Glas auf die Waage, fülle es mit Wasser, und notiere das Gewicht.

2 Laß das kleine Glas sachte in das Wasser sinken. Es verdrängt Wasser, das überläuft. Das überlaufende Wasser wird im Tablett aufgefangen.

3 Nimm das große Glas und die Waage vorsichtig aus dem Tablett. Lege die Waagschale wieder auf, und stelle sie auf Null. Gieße das Wasser aus dem Tablett hinein, notiere das Gewicht.

4 Notiere das Gewicht des verdrängten Wassers. Nimm die Waagschale dann weg, und stell die Skala wieder auf Null.

5 Wiege jetzt das kleine Glas. Es hat dasselbe Gewicht wie das verdrängte Wasser.

Schwimmen wie ein Boot

Salzwasser ist schwerer als Süßwasser. Wenn du darin schwimmst, verdrängt dein Körper Wasser. Das verdrängte Wasser ist schwerer als du. Anders gesagt: Du bist leichter als das verdrängte Wasser – deshalb schwimmst du oben.

12 Ein kleiner Taucher

Bastle einen kleinen Taucher und befiehl ihm, abzutauchen und wieder heraufzukommen. Dein Taucher nutzt dasselbe Prinzip wie U-Boote und andere Unterwassergeräte.

Du brauchst

Knetgummi

Glas mit Wasser

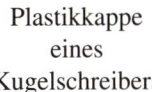
Plastikkappe eines Kugelschreibers

hohe, durchsichtige Plastikflasche mit Schraubverschluß

Die Kappe darf kein Loch haben.

1 Forme eine Knetgummikugel, und stecke die Kappe des Kugelschreibers hinein.

Nur die Spitze darf aus dem Wasser ragen.

2 Stecke den Taucher in ein Wasserglas. Damit er so eben an der Wasseroberfläche schwebt, mußt du vielleicht die Größe der Knetgummikugel ändern.

In der Kappe ist eine Luftblase. Sie sorgt für Auftrieb.

3 Fülle die Flasche randvoll mit Wasser. Wirf den Taucher hinein. Verschließe die Flasche.

4 Quetsche die Flasche seitlich zusammen. Der Taucher sinkt zu Boden!

Das Wasser dringt in die Kappe ein und preßt die Luft darin zusammen. Weil mehr Wasser in der Kappe ist, sinkt der Taucher.

Das Wasser weicht aus der Kappe zurück, die Luftblase dehnt sich wieder aus. Der Taucher wird leichter und schwebt nach oben.

5 Laß die Flasche los. Der Taucher steigt zur Oberfläche empor.

In der Tiefe

Mit diesem Tauchgefährt werden die Tiefen der Ozeane erforscht. Seine Tanks werden zum Abtauchen mit Wasser gefüllt, damit es schwer wird. Zum Auftauchen wird Luft in die Tanks gepumpt, die das Wasser hinausdrückt – das Gefährt wird leichter.

13 Ein Unterwasservulkan

Wußtest du, daß Wasser auf Wasser schwimmen kann? Warmes Wasser steigt immer nach oben und schwimmt auf kaltem Wasser. Dies kannst du mit einem Unterwasservulkan zeigen, der eine „Rauchwolke" ausstößt.

Du brauchst

Schere

 Pinsel

kleine Flasche   heißes und kaltes Wasser   rote Lebensmittelfarbe   Bindfaden   großes Glas

1 Schneide ein langes Stück Bindfaden ab. Knote ein Ende fest um den Flaschenhals.

2 Knote nun das andere Ende des Bindfadens um den Flaschenhals. Sie hat nun ein Trageseil.

3 Fülle das große Glas zu drei Vierteln mit kaltem Wasser.

4 Fülle die Flasche randvoll mit heißem Wasser. Färbe das Wasser mit der Lebensmittelfarbe.

5 Halte die Flasche am Trageseil. Lasse sie langsam in das Glas mit kaltem Wasser.

6 Das heiße rote Wasser steigt aus der Flasche auf wie Rauch aus einem ausbrechenden Vulkan.

Heiße Schlote

An manchen Stellen hat der Ozeanboden Risse und Löcher. Hier tritt heißes Wasser aus tieferen Schichten der Erdkruste aus und steigt nach oben. Viele unbekannte Arten von Meeresbewohnern wurden in der Umgebung solcher heißen Schlote entdeckt.

14 Flüssigkeiten sinken und steigen

Wenn zwei Gegenstände gleich groß sind, aber verschiedenes Gewicht haben, dann hat der leichtere Gegenstand eine geringere „Dichte". Dies gilt für alle Stoffe. Wenn ein Stoff eine geringere Dichte hat als eine Flüssigkeit, dann schwimmt er auf dieser.

Du brauchst

blau gefärbtes Wasser (Lebensmittelfarbe)

Sirup

Salatöl

großes Becherglas oder Glasvase

beliebige kleine Gegenstände

1 Fülle das Glas zu einem Viertel mit Sirup. Über einen umgedrehten Löffel gegossen, verteilt er sich besser.

2 Gieße langsam die gleiche Menge Salatöl in das Becherglas, anschließend die gleiche Menge gefärbtes Wasser.

3 Die drei Flüssigkeiten trennen sich und schwimmen übereinander. Laß nun die Gegenstände hineingleiten.

4 Die Gegenstände sinken in verschiedene Tiefen. Sie sinken so tief, bis sie eine Flüssigkeit erreichen, deren Dichte höher ist als ihre. Auf dieser Flüssigkeit schwimmen sie.

Wasser ist dichter als Salatöl, aber weniger dicht als Sirup.

Eine Weintraube ist dichter als Wasser, aber weniger dicht als Sirup.

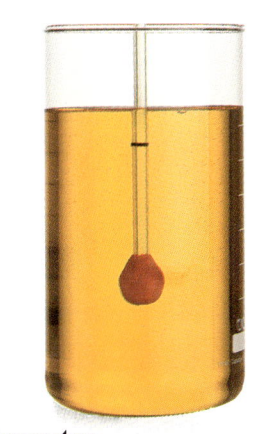

Hydrometer
Eine Knetgummikugel an einem Strohhalm ergibt ein „Hydrometer", das die Dichte mißt. Die Höhe, in der es schwebt, hängt von der Dichte der Flüssigkeit ab. Je dichter die Flüssigkeit, desto höher steht das Hydrometer.

15 Was ist mischbar?

Einige Flüssigkeiten kann man leicht einfärben, andere nicht. Öle nehmen keine Lebensmittelfarbe an. Die Farbe kann sich nicht im Öl ausbreiten. Prüfe, was mit der Farbe im Wasser passiert!

Du brauchst

Lebensmittelfarbe

Glasbecher

Löffel

Pflanzenöl

1 Gieß etwas Wasser in den Glasbecher, dann gib Pflanzenöl hinzu. Du kannst beobachten, wie die beiden Flüssigkeiten zwei getrennte Schichten bilden. Öl und Wasser mischen sich nicht.

2 Tropfe vorsichtig etwas Lebensmittelfarbe in das Glas. Die Tropfen schwimmen in der Ölschicht.

3 Nimm den Löffel, und stoße die Farbtropfen in die Wasserschicht hinab. Die Farbe zerfließt sofort und mischt sich mit dem Wasser.

16 Prüfe die Zähflüssigkeit

Sirup fließt langsamer als Wasser. Er hat eine höhere „Viskosität" (Zähflüssigkeit). Das bedeutet, er fließt nur schwer. Prüfe die Viskosität von Flüssigkeiten. Die hier gezeigten kannst du sicher leicht besorgen.

Du brauchst

Flüssigkeiten wie Wasser, Pflanzenöl, Glyzerin, Sirup und Essig

Marmeladengläser und Murmeln

1 Fülle jede Flüssigkeit in ein Glas. Wirf eine Murmel in jedes Glas.

2 Je langsamer die Murmel sinkt, desto höher ist die Viskosität der Flüssigkeit.

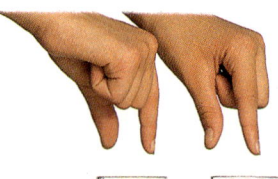

17 Lücken im Wasser

Jedes Ding besteht aus winzigen Teilchen, den Atomen und Molekülen. Wenn du Zucker in Wasser gibst, dann nimmt der Rauminhalt der Flüssigkeit nicht zu! Die Zuckermoleküle rutschen in die ganz, ganz winzigen Lücken zwischen den Wassermolekülen.

Du brauchst

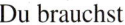

Zucker

Tasse mit warmem Wasser

Teelöffel

1 Gieße so viel warmes Wasser in die Tasse, bis sich die Wasseroberfläche über den Tassenrand wölbt.

2 Laß ganz langsam von einem Teelöffel Zucker in das Wasser rutschen. Die Tasse läuft nicht über!

3 Du kannst noch mehr Zucker hineintun, wenn du immer wartest, bis die vorherige Menge aufgelöst ist.

18 Ein Tropfstein wächst

In manchen Höhlen tropft Wasser von der Decke. Die im Wasser gelösten Mineralstoffe lagern sich im Laufe von Jahrhunderten an Decke und Boden als Säulen ab. Du kannst in weniger als einer Woche einen Tropfstein wachsen lassen!

Du brauchst

Sicherheitsnadeln

Untertasse

Teelöffel

Wollfaden

warmes Wasser

zwei Gläser

Soda

1 Fülle beide Gläser mit warmem Wasser. Gib unter Rühren so viel Soda hinein, bis es sich nicht mehr auflöst.

Wasser mit aufgelöstem Soda

Die Sodalösung fließt durch den Faden.

Wasser mit aufgelöstem Soda

Tropfen der Sodalösung

Jeder Wassertropfen verdunstet und hinterläßt gelöstes Soda. So wächst der Tropfstein.

2 Befestige die Sicherheitsnadeln als Gewichte an den Enden des Wollfadens. Hänge die Enden in die Gläser.

3 Stell die Untertasse zwischen die Gläser, um die Tropfen aufzufangen. Warte einige Tage. Ein weißer Tropfstein wächst allmählich am Wollfaden nach unten. In der Untertasse wächst ein kleiner Tropfstein nach oben.

19 Regen messen

Regen kommt aus Wolken. Sie enthalten Aber-millionen kleinster Wassertröpfchen. Diese können sich zu größeren Tropfen vereinigen, und dann fallen sie als Regen zu Boden. Baue dir einen Pegel, um die Regenmenge, auch „Niederschlag" genannt, zu messen.

Du brauchst

Lineal und Filzstift

Meßbecher

kleine, durchsichtige Plastikflasche

große, durchsichtige Plastikflasche

Schere

1 Schneide beide Flaschen dort ab, wo ihre Wände gerade werden. Die Kanten müssen glatt sein.

2 Fülle den Meßbecher bis zur 50-ml-Marke. Gieß das Wasser in die kleine Flasche. Markiere den Pegel.

3 Wiederhole Schritt 2 mehrmals. So erhältst du mehrere Maßlinien auf der Flasche.

4 Leere die kleine Flasche aus. Stelle sie in die große Flasche. Der abgeschnittene Teil der großen Flasche wird ein Trichter: Lege ihn umgekehrt in die Öffnung.

Lies die Regenmenge ab, und leere die Flasche aus. Stelle sie wieder in die große Flasche.

5 Stell die Flaschen ins Freie, auf einen Tisch oder auf eine Mauer, wo sie Regen abbekommen.

Diagramm der Regenmengen in 12 Monaten

6 Zähle die Regenmenge für jede Woche und für jeden Monat zusammen. Zeichne dann ein Diagramm, das den Niederschlag für mehrere Wochen, Monate oder sogar für ein Jahr anzeigt.

Wetterhäuschen

Dieses Häuschen kann voraussagen, wie das Wetter sein wird. Der Mann kommt bei feuchter Luft heraus. Das deutet auf Regen hin. Bei trockener Luft kommt die Frau heraus. Das läßt trockenes Wetter erwarten.

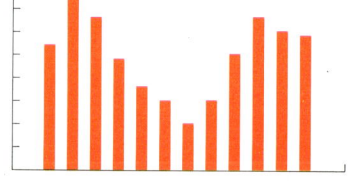

20 Ist Wasser hart?

Wasser kann „hart" sein. Das bedeutet, es enthält Mineralstoffe, die sich in Leitungen und Kochtöpfen z.B. als Kalk absetzen können. Seife schäumt in hartem Wasser schlecht. Prüfe, wie hart das Leitungswasser in deinem Haus ist!

Du brauchst

Löffel Pipette

Leitungswasser   zwei Gläser mit Schraubverschluß   kleines, offenes Glas   destilliertes Wasser   Flüssigseife

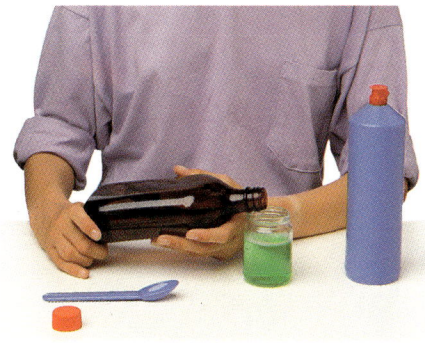

1 Destilliertes Wasser ist nicht hart. Mische es mit etwas Flüssigseife in dem kleinen Glas.

2 Gieße in das eine Schraubglas destilliertes Wasser und in das andere die gleiche Menge Leitungswasser.

3 Gib einen Tropfen Flüssigseife in das Glas mit Leitungswasser. Schraube den Deckel zu.

4 Schüttle das Glas. Wenn es nicht schäumt, wiederhole Schritt 3, und schüttle wieder. Zähle, wie viele Tropfen du brauchst, bis es schäumt.

Wenn das Leitungswasser mehr Seifentropfen braucht als das destillierte Wasser, dann ist es hart.

Lösen und Ablagern
Wasser sickert durch unterirdisches Gestein und löst Mineralstoffe heraus, wodurch es „hart" wird. Die Mineralstoffe können als Tropfsteine wieder abgelagert werden.

5 Wiederhole die Schritte 3 und 4 mit dem destillierten Wasser. Hat es zum Schäumen mehr oder weniger Tropfen gebraucht als das Leitungswasser?

25

21 Bootsfahrt ohne Motor

Laß ein Schnellboot ohne Motor durch eine Schüssel sausen, indem du das Wasser berührst! Die „Oberflächenspannung" hilft dir dabei.

Du brauchst

bunten Karton

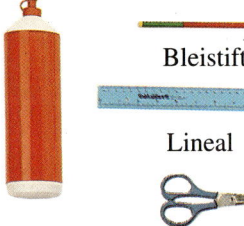

Spülmittel

Bleistift

Lineal

Schere

große, saubere Plastikschüssel

1 Zeichne den Umriß deines Bootes auf den Karton. Dieses Boot hier ist dreieckig.

2 Schneide das Boot sorgfältig aus. Dann setze es aufs Wasser, und laß es schwimmen.

3 Gib einen kleinen Tropfen Spülmittel auf eine Fingerspitze.

4 Tauche den Finger hinter dem Boot ins Wasser. Das Boot saust nach vorne weg.

Das Spülmittel verringert hinter dem Boot die Oberflächenspannung des Wassers.

Schwimmendes Metall
Lege ganz sachte eine Büroklammer aufs Wasser – die Klammer schwimmt! Die Oberflächenspannung des Wassers ist stark genug, um kleine, leichte Gegenstände zu tragen.

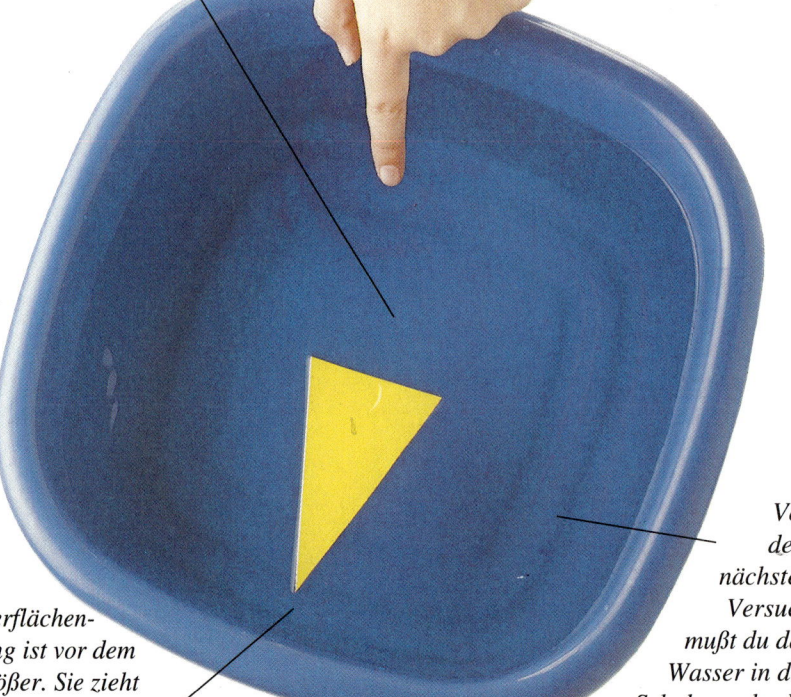

Vor dem nächsten Versuch mußt du das Wasser in der Schale wechseln.

Die Oberflächenspannung ist vor dem Boot größer. Sie zieht das Boot nach vorn.

22 Sieh, wie Pflanzen trinken

Pflanzen brauchen Wasser zum Leben, genau wie du. Wenn du ihnen gefärbtes Wasser gibst, kannst du verfolgen, wie es durch die Stengel in die Blätter und Blüten aufsteigt.

Du brauchst

vier Gläser

verschiedenfarbige Tinte oder Lebensmittelfarbe

frische, weiße Blumen

Schere

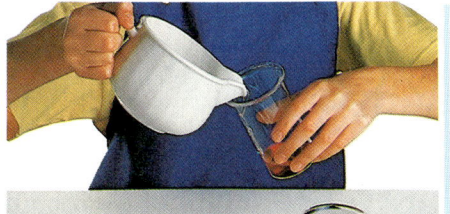

1 Gieße etwas Tinte oder Lebensmittelfarbe in jedes Glas. Gib Wasser hinzu.

2 Schneide die Stengel schräg an. Spalte einen Stengel der Länge nach.

3 Stelle in jedes Glas eine Blume. Der gespaltene Stengel wird in zwei Gläser getaucht.

4 Laß die Blumen in einem warmen Raum stehen. Allmählich verändern sie ihre Farbe.

Gelbgrünliche Blüte

Rote Blüte

Rotes Wasser wird durch den Stengel in die Blütenblätter befördert.

Durstige Blätter

Stecke einen Zweig mit Blättern in ein Glas Wasser. Gieße etwas Pflanzenöl dazu, und markiere den Pegel am Glas. Beobachte einige Tage lang, wie der Pegel sinkt. Weil das Öl verhindert, daß Wasser verdunstet, kannst du sicher sein, daß alles verschwundene Wasser durch den Stengel in die Blätter aufgesogen worden ist.

Jeder Teil des gespaltenen Stengels bringt eine andere Farbe in die Blüte.

5 Die Blume mit dem gespaltenen Stengel färbt sich je zur Hälfte mit einer anderen Farbe. Der eine Teil des Stengels bringt rotes Wasser, der andere blaues.

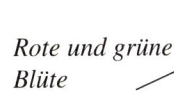

Rote und grüne Blüte

Heiß und kalt

Heißer Tee und kalte Eiscreme haben sehr verschiedene Temperaturen – aber bei beiden ist Wärme mit im Spiel. Der Unterschied kommt daher, daß kalte Gegenstände weniger Wärme enthalten als heiße. Wärme entsteht durch Feuer oder durch Sonnenbestrahlung. Dein Körper wandelt Nahrung in Wärme um.

Feuer und Flamme
Starke Erwärmung bringt manche Dinge zum Brennen. Das ist z.B. bei einem Waldbrand der Fall. Die Flammen erzeugen Hitze (Wärme), so daß noch mehr Bäume zu brennen beginnen und der Waldbrand sich ausbreitet.

Wie heiß?
Ein Thermometer mißt die „Temperatur", das heißt die Wärmemenge eines Gegenstandes. Die Temperatur wird in „Grad" gemessen. Dieses Thermometer zeigt 26,2 Grad an.

Ein Feuerball
Die Sonne ist eine sehr große Kugel aus heißen Gasen. Sie ist so heiß, daß sie glüht. Dabei sendet sie sichtbares Licht und unsichtbare Wärmestrahlen aus. Licht und Wärme kommen durch den Weltraum bis zur Erde.

Kühl bleiben
Bei warmem Wetter trägst du leichte Kleidung. Sie läßt die von deinem Körper erzeugte Wärme durch, so daß du dich nicht überhitzt.

Warm bleiben
Bei kaltem Wetter trägst du warme Kleidung. Sie hält die von deinem Körper erzeugte Wärme fest, so daß du nicht frierst.

23 Baue ein Thermometer

Du kennst sicher Thermometer, die eine dünne, mit Flüssigkeit gefüllte Röhre haben. Die Röhre weist eine in Grad unterteilte Skala auf. Der Flüssigkeitspegel in der Röhre zeigt an der Skala die Temperatur an.

Du brauchst

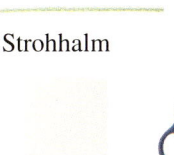 Strohhalm

Karton

 Schere

 kaltes Wasser

Knete

Lebensmittelfarbe

 Filzstifte

 Glasflasche

1 Fülle die Flasche zu etwa drei Vierteln mit kaltem Wasser. Gib ein paar Tropfen Lebensmittelfarbe hinzu.

2 Stecke einen Strohhalm in die Flasche, so daß er im Wasser steht. Befestige ihn dann mit der Knete am Flaschenhals.

Die Knete muß luftdicht abschließen.

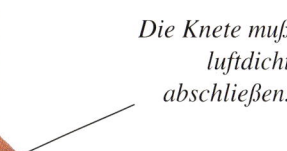

3 Puste sachte in den Strohhalm. Das Wasser steigt darin auf. Höre auf zu pusten, wenn das Wasser ein Stück weit über der Knete steht.

Die schwarze Marke zeigt die Ausgangstemperatur.

4 Falte den Karton, und schneide zwei Doppelschlitze hinein. Schiebe den Strohhalm durch die Schlitze. Markiere den Pegel schwarz.

Die rote Marke zeigt die höhere Temperatur an (wärmer).

Bei Erwärmung dehnt sich die Luft in der Flasche aus. Sie drückt auf das Wasser, das in den Strohhalm hinein ausweichen kann

5 Stell das Thermometer an einen warmen Ort. Der Pegel steigt. Markiere ihn rot.

Die blaue Marke zeigt die niedrigere Temperatur an (kälter).

Bei Abkühlung zieht sich die Luft in der Flasche zusammen und saugt dabei das Wasser aus dem Strohhalm.

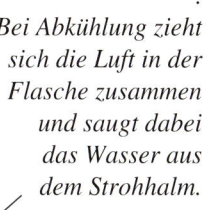

6 Stell das Thermometer in den Kühlschrank. Der Pegel sinkt. Markiere ihn blau.

24 Das Perlenrennen

Einige Stoffe leiten Wärme besser als andere. Zeige, wie gut einige Dinge Wärme leiten. Gute Wärmeleiter nehmen die meiste Wärme auf.

Du brauchst

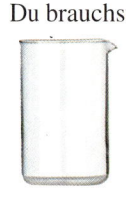

Perlen

Butter oder Margarine

Becherglas

Holzlöffel

Strohhalm

Metallöffel

Plastiklöffel

1 Klebe mit etwas Butter je eine Perle in gleicher Höhe auf den Strohhalm und die drei Löffel. Stelle alle vier in das Glas.

2 Gieße heißes Wasser hinein. Die Gegenstände nehmen Wärme auf, die Butter schmilzt, die Perlen rutschen nach unten. Welche kommt zuerst an? Sie saß auf dem besten Wärmeleiter.

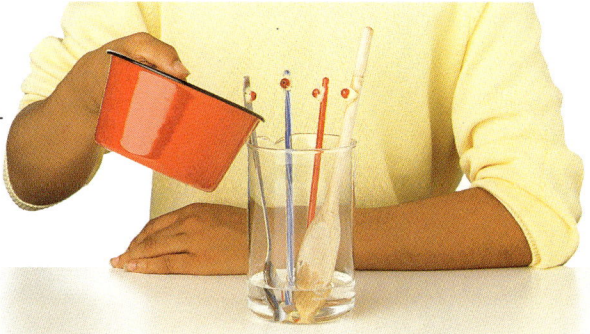

25 Wärmeausbreitung

Heizungswärme wird im Raum verteilt, weil Luft sie aufnimmt und sich dann ausbreitet. Der Vorgang heißt „Konvektion". Er spielt sich auch in erwärmten Flüssigkeiten ab.

Du brauchst

feuerfeste Glasschale

Pipette

Teelicht

zwei Holzklötze

Lebensmittelfarbe

Pflanzenöl

1 Stell das Teelicht zwischen die Holzklötze. Bitte einen Erwachsenen, die Kerze anzuzünden.

3 Es entsteht eine Strömung aus warmem Öl. Sie zieht Tropfen der Lebensmittelfarbe mit sich.

Das Öl an der Oberfläche kühlt ab und sinkt zu Boden.

2 Gieß Öl in die Schale, und stell sie auf die Holzklötze. Setze mit der Pipette ein paar Tropfen der Farbe auf den Boden der Schale.

Tropfen aus Lebensmittelfarbe

Wird das Öl heiß, steigt es auf.

26 Baue einen Heißluftballon

Wärme kann man zum Fliegen nutzen! Erhitzte Luft steigt auf, und heiße Luft kann einen großen Ballon schweben lassen. Du kannst selbst einen Heißluftballon bauen.

Du brauchst

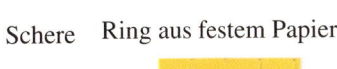
 Schere Ring aus festem Papier

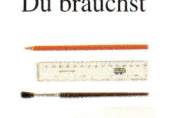
Kleber, Lineal, Bleistift und Bürste

Faden

gelbes Tonpapier, so vorbereitet

farbiges Seidenpapier und Pappschablone

1 Schneide mit Hilfe der Schablone acht Papierbahnen aus.

2 Klebe die Papierbahnen zusammen. Klebe den Papierring in die Öffnung des Ballons.

3 Falte und klebe den Karton zu einem Würfel. Stich Löcher in die oberen Ecken.

4 Stich auch Löcher in den Papierring, und binde den Würfel mit Fäden daran fest.

Sei vorsichtig, damit das Seidenpapier nicht reißt.

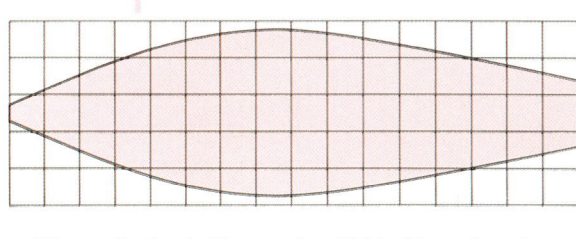

Nimm ein Stück Karton, das 60 bis 90 cm lang ist. Schneide den rosa markierten Umriß als Schablone aus.

5 Jetzt ist dein Ballon fertig. Halte ihn über einen Fön, und blase warme Luft hinein. Laß den Ballon los: Er steigt von allein auf.

Auf und davon

Unter einem echten Heißluftballon hängt ein großer Korb. Über dem Korb ist ein Gasbrenner, der heiße Luft in den Ballon bläst. Die heiße Luft im Ballon ist leichter als die kalte Luft der Umgebung, und deshalb steigt der Ballon nach oben. Die ersten Fluggeräte, die Menschen gebaut haben, waren Ballons.

27 Wärme speichern

Heiße Getränke geben Wärme ab.
Daher werden sie schnell kalt.
Baue einen Wärmespeicher, und
speichere darin warmes Wasser.
Der Speicher hindert die Wärme
am Entweichen, deshalb bleibt das
Wasser darin länger warm.

Du brauchst

Klebeband

großen
Korken

Aluminium-
folie

Schraub-
glas (groß)

Schraub-
glas
(klein)

Trink-
glas

warmes Wasser

Schere

1 Wickele zwei
Schichten Aluminium-
folie um das kleine
Schraubglas. Die
glänzende Folien-
seite muß nach
innen zeigen.
Nimm Klebeband
zum Befestigen.

*Die glänzende
Seite soll zum
Glas hin zeigen.*

*Der Schraubdeckel
hindert die erwärmte
Luft am Entweichen*

2 Gieß warmes
Wasser in das kleine
Schraubglas und in
das Trinkglas.

3 Leg den Kor-
ken in das große
Schraubglas. Stell
das kleine Glas
darauf. Schraube
den Deckel auf
das große Glas.

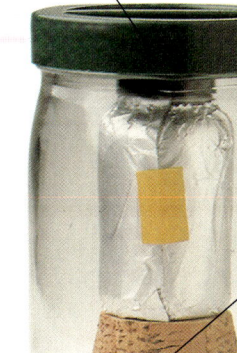

*Luft und Kork
sind schlechte
Wärmeleiter.
Sie „isolieren"
das kleine
Schraubglas.*

*Das Trinkglas
gibt nach
allen Seiten
Wärme ab.*

*Im Trinkglas kühlt das
Wasser viel schneller
ab.*

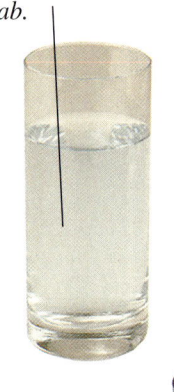 

Hitzebarriere
Eine Thermosflasche hält Getränke kühl
oder warm. Wie dein Wärmespeicher
besteht sie aus zwei Behältern mit dichten
Verschlüssen. Der innere Behälter hat eine
Doppelwand mit einem luftleeren Raum
(„Vakuum") dazwischen. Wärme kann nur
sehr langsam in die Flasche gelangen oder
aus ihr entweichen.

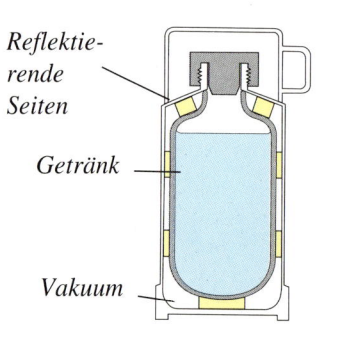

*Reflektie-
rende
Seiten*

Getränk

Vakuum

*Im kleinen Glas
bleibt das Wasser
länger warm.*

4 Nimm das kleine Schraubglas
nach zehn Minuten heraus. Das
Wasser darin ist deutlich wärmer als
das im Trinkglas.

28 Feuer löschen

Zünde eine Kerze an, und lösche sie wie von Geisterhand! Das ist möglich, weil Feuer nur brennt, solange es Sauerstoff aus der Luft bekommt. Wenn du die Sauerstoffversorgung unterbrichst, verlischt das Feuer.

Du brauchst

Streichhölzer   Kerze   Essig   Glasschale   Knetmasse   Löffel   Soda

1 Setze die Kerze auf ein Stück Knetmasse am Boden des Glases.

2 Verstreue etwas Soda um die Kerze herum.

Die Kerzenspitze muß unterhalb des Glasrandes sein.

3 Bitte einen Erwachsenen, die Kerze mit einem Streichholz anzuzünden.

4 Träufle etwas Essig auf das Soda. Es beginnt zu schäumen.

Die Kerzenflamme verbraucht Sauerstoff aus der Luft.

Der Schaum darf die Flamme nicht erreichen.

5 Warte noch einen Moment. Plötzlich verlischt die Kerzenflamme. Wieso?

Unsichtbares Kohlendioxid sammelt sich im Glas an und erreicht die Flamme. Sie erhält keinen Sauerstoff mehr und verlischt.

Soda und Essig bilden Kohlendioxid, ein unsichtbares Gas.

Feuer bekämpfen
Die Feuerwehr bekämpft ein Feuer mit Wasser, Schaum oder Kohlendioxid. Mit jedem dieser Mittel wird die Luftzufuhr für das Feuer unterbrochen. Ohne den Sauerstoff aus der Luft kann das Feuer nicht weiterbrennen.

Das Streichholz verlischt, sobald es in das unsichtbare Gas eintaucht.

6 Versuche, die Kerze wieder anzuzünden. Es ist unmöglich!

33

29 Schneiden, ohne zu zerteilen

Schneide durch einen Eis-
würfel, und er bleibt ganz!
Für diesen tollen Trick
brauchst du kein Messer,
sondern nur ein Stück
Draht.

Du brauchst

Gabel aus Metall

Plastik-
flasche mit
Wasser

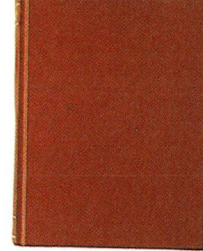

schweres Buch

dünnen Draht

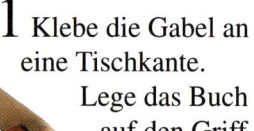

Aluminiumfolie

Klebeband

Eiswürfel

1 Klebe die Gabel an
eine Tischkante.
Lege das Buch
auf den Griff
der Gabel.

*Die Gabel
darf nicht
verrutschen.*

2 Forme eine Draht-
schlaufe, und befestige
sie unter dem Flaschen-
verschluß.

*Knote die Draht-
enden fest zusam-
men.*

3 Lege ein Stück Alufolie auf
die Gabel und darauf dann den
Eiswürfel.

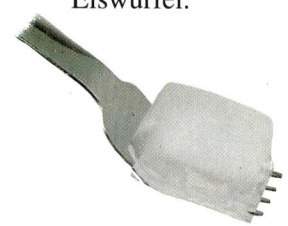

*Der Draht drückt so
stark auf das Eis,
daß es schmilzt.*

*Dort, wo der
Draht nicht
mehr ein-
schneidet,
gefriert das
Wasser wieder.*

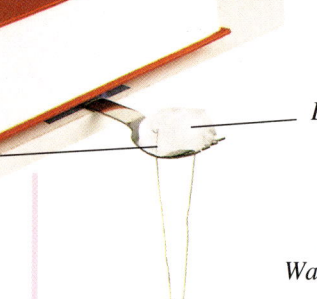

4 Lege den Draht über den
Eiswürfel. Das Gewicht der
Flasche zieht am Draht, und
er drückt auf das Eis.

5 Langsam
schneidet der
Draht in den
Eiswürfel ein.

Schlittschuhlaufen
Schlittschuhläufer gleiten
schnell übers Eis. Ihr Gewicht drückt die Kufen aufs
Eis, und es schmilzt. Da-
durch entsteht unter den
Kufen ein dünner Wasser-
film, auf dem man leicht
dahingleiten kann.

6 Sieh dir den Eiswürfel an, nachdem der Draht ganz hindurchgegan-
gen ist: Der Würfel ist noch ganz!

30 Eiscreme herstellen

Mache eine leckere Eiscreme, ohne die Zutaten in den Kühlschrank zu stellen. Nach diesem alten Rezept hat man früher Eiscreme zubereitet.

Du brauchst

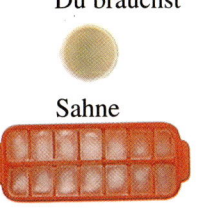 Sahne

 Geschirrtuch

 Kakaopulver

 Eßlöffel

 Salz

große Schüssel

Eiswürfel · Glas · Milch

1 Mische einen Löffel Kakaopulver, zwei Löffel Milch und einen Löffel Sahne im Glas.

2 Lege mehrere Eiswürfel in die Schüssel, und streue viel Salz darüber.

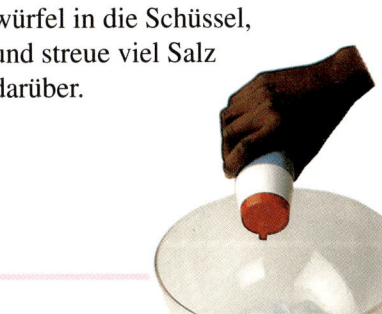

3 Stelle das Glas mit der Eiscrememischung auf die Eiswürfel in der Schüssel.

4 Lege noch mehr Eiswürfel, die du mit Salz bestreust, um das Glas herum.

Salz läßt das Eis schmelzen, und zugleich wird das Eis dadurch kälter.

5 Decke das Handtuch über die Schüssel. Laß die Eiscrememischung eine Stunde lang stehen. Rühre sie alle fünf Minuten um.

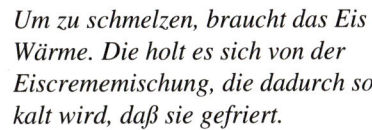

Um zu schmelzen, braucht das Eis Wärme. Die holt es sich von der Eiscrememischung, die dadurch so kalt wird, daß sie gefriert.

Das Handtuch verhindert, daß Wärme von außen in die Schüssel gelangt.

Eiszapfen

Eiszapfen entstehen, wenn Wasser über die Kante einer kalten Oberfläche tropft. Die Oberfläche entzieht dem Wasser Wärme, wodurch es gefriert. Wenn weitere Tropfen hinabgleiten und ihre Wärme abgeben, wächst der Eiszapfen langsam.

6 Nimm das Glas aus der Schüssel, und koste deine selbstgemachte Schokoladeneiscreme.

Licht

Die Sonne sendet Lichtstrahlen aus. Auch Lampen und Kerzen tun dies. Die Lichtstrahlen treffen auf Gegenstände, werden von ihnen verändert und zurückgeworfen („reflektiert"). Diese Lichtstrahlen gelangen in dein Auge, so daß du dann die Gegenstände sehen kannst. Dein Auge und dein Gehirn bauen aus der Wahrnehmung von Licht Bilder auf.

Gebrochen und gebogen?
Der Stift, der im Wasserglas steht, ist selbstverständlich gerade. Er sieht wie durchgebrochen aus, weil das Wasser den Weg der Lichtstrahlen, die von dem Stift ausgehend deine Augen erreichen, verändert.

Zu klein, um gesehen zu werden?
Mit einem Mikroskop kannst du winzige Lebewesen und Gegenstände erkennen. Das Bild im Mikroskop zeigt den Gegenstand viel größer, als er in Wirklichkeit ist.

Spiegelbilder
In einem Spiegel kannst du die Abbilder von Gegenständen sehen. Gewölbte Spiegel, wie zum Beispiel der vordere und der hintere, erzeugen vergrößerte und verkleinerte Bilder.

Blitzschnell
Ein Blitzlicht sendet genug Licht aus, um auch im Dunkeln ein Foto machen zu können. Von der Kamera bis zu dem Mädchen braucht das Licht nur zwei Milliardstel Sekunden!

31 Schattenspiele

Du kannst geisterhafte Schatten an die Wand werfen! Dabei wirst du sehen, daß Licht sich gerade ausbreitet. Schatten entstehen dadurch, daß Gegenstände im Weg des Lichtes stehen.

Du brauchst

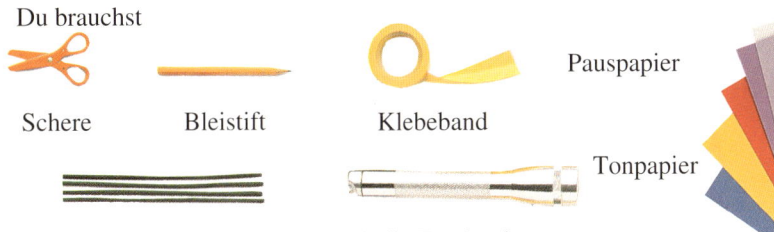

Schere   Bleistift   Klebeband   Pauspapier

Tonpapier

dünne Holzstäbe   helle Taschenlampe

1 Zeichne ein paar Geister auf das Pauspapier. Erfinde selbst welche, oder male sie aus Büchern ab.

2 Übertrage die Zeichnungen vom Pauspapier auf das Tonpapier.

3 Schneide die Geister vorsichtig aus, und klebe sie jeweils an das Ende eines Holzstabes.

4 Halte die Geister vor eine Wand. Leuchte die Figuren mit einer Taschenlampe an, und an der Wand werden die riesigen Schatten der Geister erscheinen!

Ein großer, schwarzer Schatten tanzt an der Wand.

Lichtstrahlen aus der Taschenlampe beleuchten die Wand.

Die Lichtstrahlen, die auf den Karton treffen, erreichen die Wand nicht. Die Wandfläche hinter dem Karton bleibt dunkel. Die dunkle Fläche ist der Schatten. Er hat dieselbe Form wie der Karton, weil die Lichtstrahlen sich geradlinig ausbreiten.

Sonnenzeit
Die Sonnenuhr zeigt an, wie spät es ist. Ein schräg angebrachter Stab wirft einen Schatten auf eine Reihe von Linien, die die Uhrzeit angeben. Mit dem Lauf der Sonne am Himmel wandert der Schatten über die Linien. An der Lage des Schattens auf und zwischen den Linien läßt sich die Uhrzeit ablesen.

32 Um die Ecke sehen

Bau ein Periskop, ein Gerät, mit dem du um Ecken und über Mauern sehen kannst! Ein Periskop arbeitet mit Spiegeln, die Lichtstrahlen reflektieren.

Du brauchst

Diese beiden Seiten müssen gleich lang sein.

dreieckiges Kartonstück

zwei kleine Spiegel

Schere

quadratischen Getränkekarton

Filzstift

1 Zeichne mit Hilfe des dreieckigen Kartons zwei schräge Linien auf eine Seite des Getränkekartons. Die Linien sollen so lang sein wie ein Spiegel.

2 Schneide entlang jeder Linie vorsichtig einen Schlitz in den Karton.

3 Bringe auf die gleiche Weise zwei Schlitze auf der anderen Seite des Getränkekartons an.

Die Schlitze auf dieser und auf der jeweils gegenüberliegenden Seite müssen genau auf der gleichen Höhe sein.

4 Schiebe die Spiegel vorsichtig in die Schlitze. Sie sollten fest sitzen, damit sie nicht herausfallen.

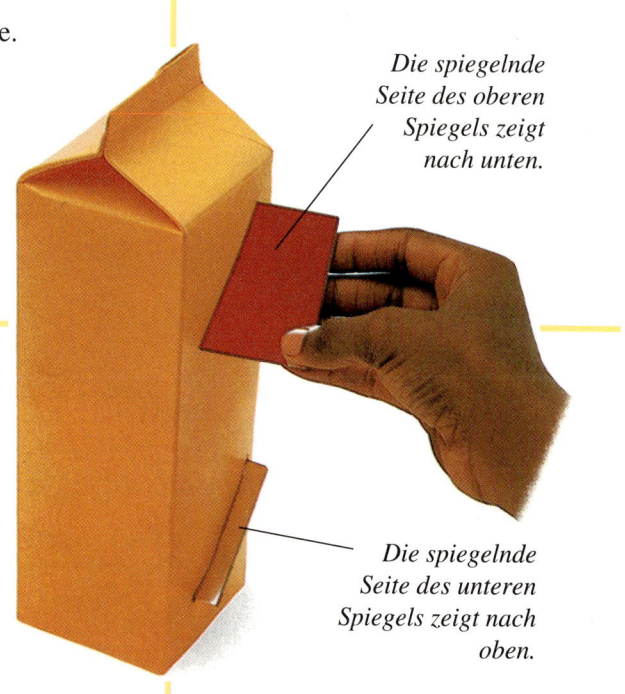

Die spiegelnde Seite des oberen Spiegels zeigt nach unten.

Die spiegelnde Seite des unteren Spiegels zeigt nach oben.

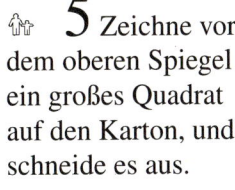 **5** Zeichne vor dem oberen Spiegel ein großes Quadrat auf den Karton, und schneide es aus.

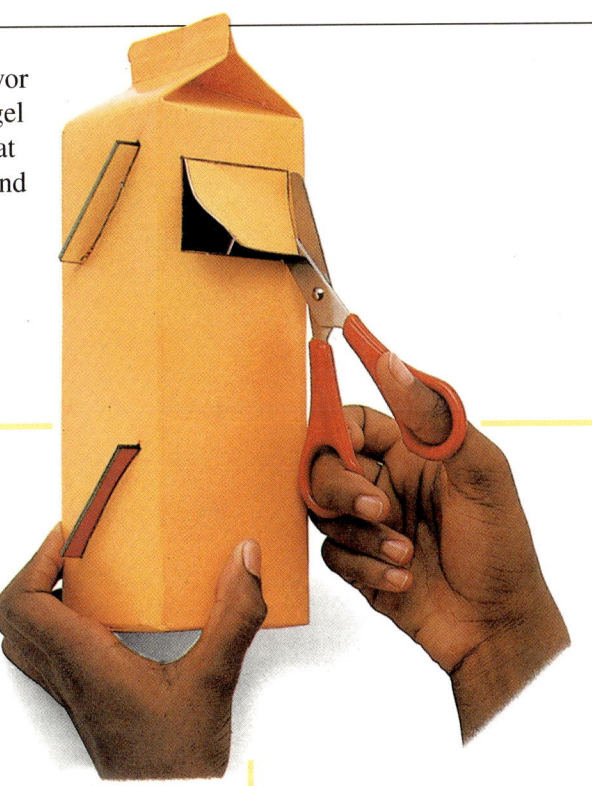

6 Bohre vor dem unteren Spiegel mit einem Bleistift ein kleines Loch in die Rückseite des Kartons. Jetzt ist dein Periskop fertig.

Bohre das Loch so, daß es sich vor dem unteren Spiegel befindet.

7 Wenn du in das Loch blickst, kannst du um Ecken und über Hindernisse sehen.

Lichtstrahlen gelangen durch die quadratische Öffnung auf den oberen Spiegel. Er leitet sie zum unteren Spiegel, auf den du blickst.

Der untere Spiegel wirft die Lichtstrahlen in dein Auge. Du siehst das Bild, das der obere Spiegel von der Umgebung aufnimmt.

Was gibt's da oben?
Der Kapitän eines getauchten U-Bootes möchte wissen, ob sich an der Wasseroberfläche Schiffe nähern. Das U-Boot fährt ein langes Periskop aus, und der Kapitän macht einen Rundblick. Das Periskop leitet die Lichtstrahlen von oberhalb der Wasseroberfläche über einen Spiegel durch ein langes Rohr nach unten. Dort kann man auf dem zweiten Spiegel das Bild der Umgebung betrachten.

33 Baue ein Kaleidoskop

Mit Spiegeln und Perlen kannst du ein Kaleidoskop bauen. Du brauchst es nur zu schütteln, und schon entstehen farbenprächtige Muster, eins schöner als das andere.

Du brauchst

Taschenlampe

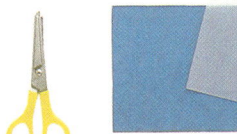

Klebeband   Perlen

spitzen Bleistift

Schere

Tonpapier und Pauspapier

drei kleine Spiegel

1 Klebe die drei Spiegel mit dem Klebeband zu einer dreieckigen Röhre zusammen.

Die spiegelnden Seiten zeigen nach innen.

2 Zeichne den Umriß der Spiegelröhre auf die Pappe.

3 Schneide das Dreieck aus. Bohre mit dem Bleistift ein Loch in die Mitte.

4 Klebe das Dreieck auf eine Seite der Spiegelröhre.

5 Klebe Pauspapier über die andere Seite der Spiegelröhre. Achte darauf, daß es fest angeklebt ist.

6 Wirf ein paar Perlen durch das Loch. Dein Kaleidoskop ist jetzt fertig.

7 Blicke durch das Loch in das Kaleidoskop, während du es mit der Taschenlampe von hinten beleuchtest. Du siehst mehrere Abbildungen der Perlen, die gemeinsam ein buntes Muster bilden. Wenn du das Kaleidoskop schüttelst, ändert sich das Muster.

Die Spiegel werfen jeweils ein Abbild der Perlen zurück, und aus den Spiegelbildern entsteht ein Muster.

Wie oft gibt es dich?
IMehr als einmal, wenn du dich zwischen zwei Spiegel stellst! Dann kannst du dich viele Male sehen, weil die Spiegel dein Abbild wechselseitig zurückwerfen.

34 Doppelt sehen

Mit Hilfe von Wasser kannst du aus einem Knopf scheinbar zwei machen! Lichtstrahlen ändern ihre Richtung, wenn sie von einem Stoff in einen anderen übertreten. Das nennt man „Lichtbrechung". Deshalb erscheint auch ein gerades Lineal geknickt, wenn es in einem Glas voll Wasser steht.

Du brauchst

Glas   Krug Wasser   Knopf

1 Wirf den Knopf in das Glas. Er sollte möglichst in der Mitte des Glases **liegen**.

2 Gieße Wasser in das Glas, bis es halb voll ist.

Der Knopf darf nicht schwimmen.

3 Blicke von schräg oben in das Glas. Es scheint, als lägen zwei Knöpfe darin!

Vom Knopf gehen zwei „Gruppen" von Lichtstrahlen aus, die unterschiedlich gebrochen werden: Du siehst ihn doppelt.

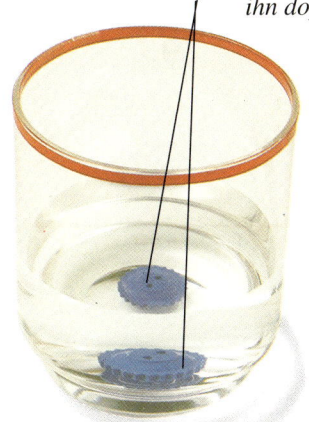

35 Baue eine Taschenlampe

Das Licht, das wir verwenden, um die Dunkelheit zu erleuchten, wird elektrisch erzeugt. Ohne Elektrizität hätten wir heute kein Licht in unseren Wohnungen und keine Straßenbeleuchtung. Wer eine Taschenlampe hat, trägt seine eigene Lichtquelle mit sich. Ein Druck auf den Knopf, und ein Lichtstrahl erhellt die Nacht. Auch die Taschenlampe braucht Elektrizität, die aus Batterien kommt.

Du brauchst

zwei Taschenlampenbatterien

zwei Briefklammern

spitzen Bleistift
Schraubenzieher

Aluminiumfolie
Schere

Büroklammer

Glühbirne mit Sockel

Watte

Klebeband

leere runde Spülmittelflasche

drei Stück Klingeldraht mit abisolierten Enden

1 Schneide die Flaschenspitze ab. Stich mit dem Bleistift zwei kleine Löcher in die Seite.

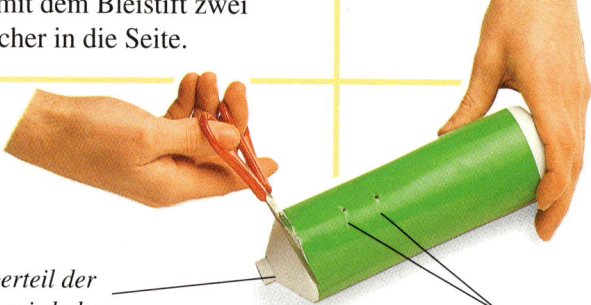

Das Oberteil der Flasche wird abgeschnitten und aufbewahrt.

Löcher

2 Beklebe die Innenseite der abgeschnittenen Flaschenspitze mit Aluminiumfolie. Die glänzende Seite muß nach außen zeigen.

3 Schraube zwei der Klingeldrähte unter den Schrauben des Glühbirnensockels fest.

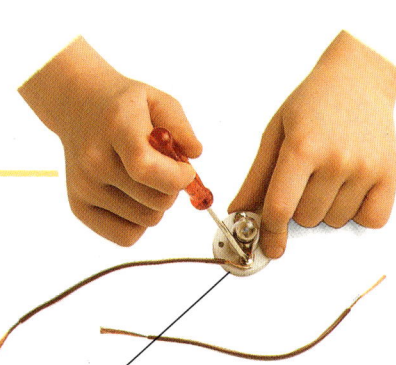

Achte darauf, daß die Drähte richtig fest sitzen.

4 Klebe die Batterien zusammen. Der Pluspol der unteren Batterie muß den Minuspol der oberen berühren. Klebe den dritten Klingeldraht am Boden (Minuspol) der unteren Batterie fest.

Klebe die Batterien so zusammen.

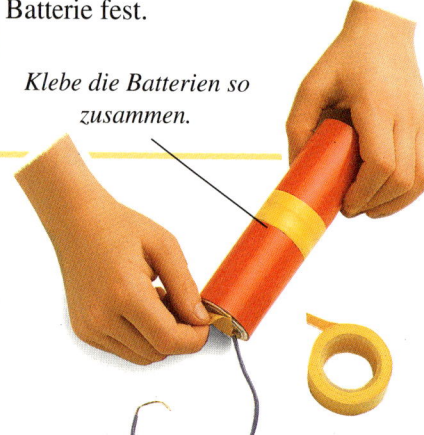

5 Klebe einen der Drähte vom Glühbirnensockel an das Oberteil (Pluspol) der oberen Batterie.

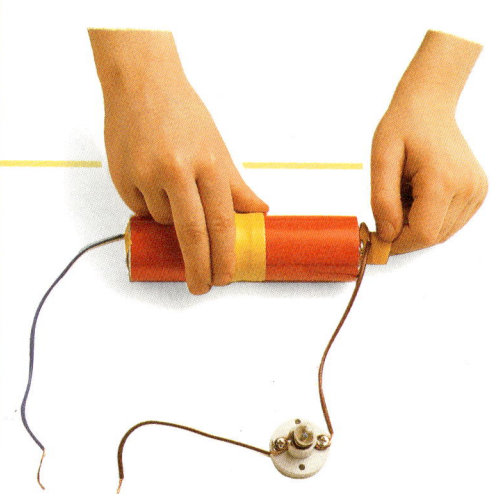

6 Stecke den Draht von der unteren Batterie durch das untere Loch. Stopfe Watte in die leere Flasche, und schiebe die Batterien hinein.

Stopfe Watte um die Batterien, damit sie fest sitzen.

7 Stecke den Draht vom Glühbirnensockel durch das obere Loch. Wickle beide Drähte um die Briefklammern. Drücke die Klammern fest in die Löcher.

8 Lege den Glühbirnensockel auf die Batterien. Schiebe die Flaschenspitze über die Glühbirne, so daß diese durch das Loch ragt. Klebe die Flaschenspitze fest.

9 Biege die Büroklammer um, und schiebe ein Ende unter die untere Briefklammer. Dies ist dein Schalter.

Wenn du den Schalter herunterdrückst und damit die obere Briefklammer berührst, fließt Strom durch die Drähte zur Glühbirne.

Helle Birne
In einer Glühbirne gibt es einen dünnen Spiraldraht, den Glühfaden. Wenn Strom durch ihn fließt, dann wird er glühend heiß und leuchtet. Ein Gas in der Glühbirne verhindert, daß der Glühfaden schmilzt.

Glühfaden

10 Drücke das obere Ende der Briefklammer auf die obere Büroklammer: Die Lampe leuchtet!

Die Glühbirne leuchtet, sobald sie Strom erhält.

Das Licht wird von der Aluminiumfolie reflektiert.

43

36 Baue ein Geisterhaus

Mit ein paar Batterien und Glühbirnen kannst du eine Pappschachtel in ein Geisterhaus verwandeln. Ein Knopfdruck genügt, und schon leuchten Gespenster und riesige Spinnen auf.

Du brauchst

Glas Wasser

Stricknadel

große Papp-schachtel

Kreuzschraubenzieher

Lineal

Pinsel

Schere

Bleistift

Klebeband

Purpurfarbe

etwa 1 m Klingeldraht

drei 1,5-Volt-Batterien

Abisolierzange

drei 1,5-Volt-Glühbirnen mit Sockel

Allzweckkleber

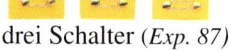
drei Schalter (*Exp. 87*)

weißes Papier, buntes Papier, Pauspapier

Pfeifenputzer

buntes Cello-phanpapier

Filzstifte

1 Klappe die Bodenteile um und klebe sie fest. Klebe die langen Teile des Deckels zusammen und schneide die kurzen Teile ab. Bemale die Innenseiten des Kartons violett.

2 Schneide sechs kurze und drei lange Drahtstücke ab. Entferne die Isolierung an den Enden. Bohre mit der Stricknadel hinten und seitlich je ein Loch in die Pappschachtel.

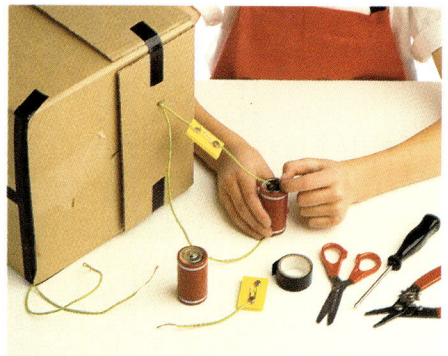

3 Stecke die Drähte von innen durch die Löcher, und verbinde sie wie in Experiment 87 (S. 103) mit den Schaltern und den Batterien.

4 Schneide folgende Dinge aus, und male sie an: eine Tür, eine Treppe, ein Wandbild, einen Kamin, Möbel.

5 Bemale ein abgeschnittenes Pappstück, und schneide einen Bogen aus. Klebe für den Kamin Flammen aus Cellophan darauf.

6 Plaziere die Tür und den Kamin vor zwei der Glühbirnen in der Schachtel. Klebe dann die Möbel in die Schachtel.

7 Zeichne Gespenster und Spukgestalten auf das bunte Papier, und schneide sie aus.

8 Halbiere vier Pfeifenputzer, das gibt acht Spinnenbeine. Umwickele sie in der Mitte mit einem ganzen Pfeifenputzer, das gibt den Spinnenkörper.

Geisterhaftes Leuchten
Diese Forscherin arbeitet mit unsichtbarem „ultraviolettem" Licht. Sie kann damit einen Stoff in dem Glaskästchen erkennen. Ihr weißes Hemd leuchtet im ultravioletten Licht auf. Dieses Licht wird gern in Diskotheken benutzt, um die Tänzer „leuchten" zu lassen.

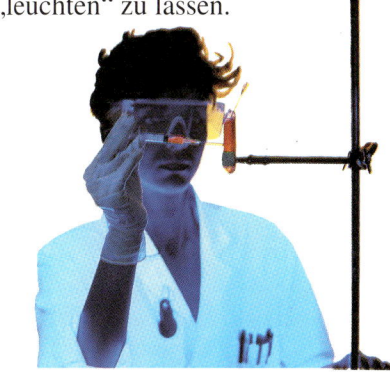

9 Klebe die Gespenster und Spinnen ein. Ein Gespenst kommt vor die dritte Glühbirne. Ein Druck auf die Schalter läßt das Geisterhaus aufleuchten!

Eine Birne leuchtet hinter dem roten Gespenst.

Klebe die Schalter seitlich und hinten am Haus fest.

Von jedem Schalter geht ein kurzer Draht zu einer Batterie.

Eine andere Birne läßt die Flammen im Kamin leuchten.

Diese Batterie liefert Strom für die dritte Glühbirne hinter der Tür.

37 Baue eine Kamera

Um zu verstehen, wie eine Kamera funktioniert, kannst du dir ein einfaches Modell bauen. Als Objektiv, mit dem das Bild erzeugt wird, nimmst du ein Vergrößerungsglas.

Du brauchst

 Klebeband

 leere Schachtel mit Öffnung

 Vergrößerungsglas

Pauspapier 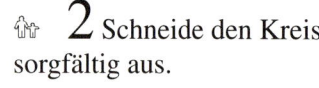 Pappröhre

Stift Schere

1 Zeichne mit Hilfe der Pappröhre auf die Rückseite der Schachtel einen Kreis.

☝ **2** Schneide den Kreis sorgfältig aus.

3 Schiebe die Pappröhre in das Loch. Du mußt sie verschieben können.

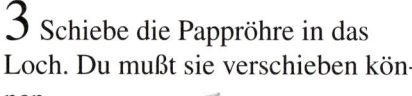

4 Klebe das Vergrößerungsglas fest auf das Ende der Pappröhre.

5 Klebe Pauspapier vor die Öffnung der Schachtel. Jetzt ist die Modellkamera fertig.

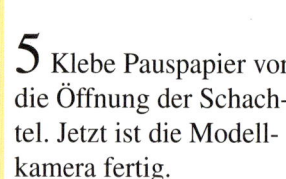

Fotografieren

Bei einer richtigen Kamera werden statt des Vergrößerungsglases und des Pauspapiers ein Objektiv und ein Film verwendet. Beim Fotografieren fällt Licht durch das Objektiv, das ein auf dem Kopf stehendes, seitenverkehrtes Bild auf den Film wirft. Das Entwickeln des Films macht das Bild sichtbar.

6 Halte die Kamera vor einen hellen Gegenstand. Ein Abbild davon erscheint auf dem Pauspapier.

Schiebe die Röhre vor und zurück, bis das Bild scharf ist.

Das Vergrößerungsglas dient als Objektiv. Es bricht die ankommenden Lichtstrahlen und wirft ein Bild auf das Pauspapier.

Das Bild ist seitenverkehrt und steht auf dem Kopf.

38 Licht erzeugt Bilder

Mit einfachen Mitteln kannst du selbst eine fotografische Aufnahme machen. Du brauchst dazu weder eine Kamera noch eine besondere Ausrüstung. Ein paar Hilfsmittel sowie ein paar Gegenstände, von denen du Aufnahmen machen willst, genügen.

Du brauchst

Packung Fotopapier

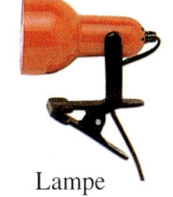

Lampe

schwarzes Papier

Schere

Bleistift

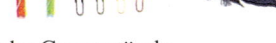

kleine, flache Gegenstände

1 Zeichne ein paar Figuren auf das schwarze Papier, und schneide sie aus.

Umrisse von Mond und Sternen machen sich sehr gut.

2 Verdunkle das Zimmer, und nimm einen Bogen Fotopapier aus der Schachtel. Lege nun das schwarze Papier und die kleinen Gegenstände darauf.

Bevor du das Papier aus der Packung nimmst, mußt du das Zimmer so gut wie möglich verdunkeln.

3 Stell die Lampe so auf, daß sie das Papier beleuchtet. Schalte die Lampe ein, und warte mehrere Minuten, ohne etwas zu berühren.

Berühre nicht die Lampe und die Gegenstände.

Fotoautomat

Ein Fotoautomat macht Bilder auf einen Streifen Fotopapier. Im Inneren des Automaten ist eine Vorrichtung, die mit bestimmten Chemikalien die Bilder entwickelt.

4 Nimm die Gegenstände vom Fotopapier. Es bleibt ein Abbild von ihnen zurück!

Dort, wo Licht auf das Fotopapier fällt, wird es schwarz.

Die Flächen, die abgedeckt waren, bleiben weiß.

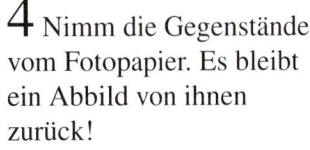

5 Das Fotopapier wird langsam überall schwarz, da nun das Licht die ganze Papierfläche bestrahlen kann.

40 Sonnenuntergang

Wenn die Sonne untergeht, scheint sich ihre Farbe zu ändern. Von Weiß über Gelb wechselt sie zu Orange und Rot. Warum das so ist, erfährst du bei diesem Experiment.

Du brauchst

Milch

Glas mit Wasser

Taschenlampe

Löffel

1 Leuchte mit der Taschenlampe durch das klare Wasser. Das Licht erscheint weiß, so wie die Sonne, wenn sie hoch am Himmel steht.

2 Gieße etwas Milch in das Wasser.

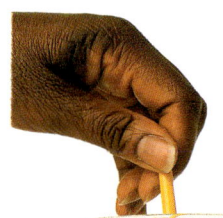

3 Rühre das Wasser langsam um, so daß sich die milchige Trübung gleichmäßig verteilt.

4 Leuchte mit der Taschenlampe durch das milchige Wasser. Das Licht erscheint orangefarben, so wie die untergehende Sonne!

Die im Wasser verteilte Milch filtert einige Farben aus. Nur orangefarbenes und rötliches Licht werden durchgelassen.

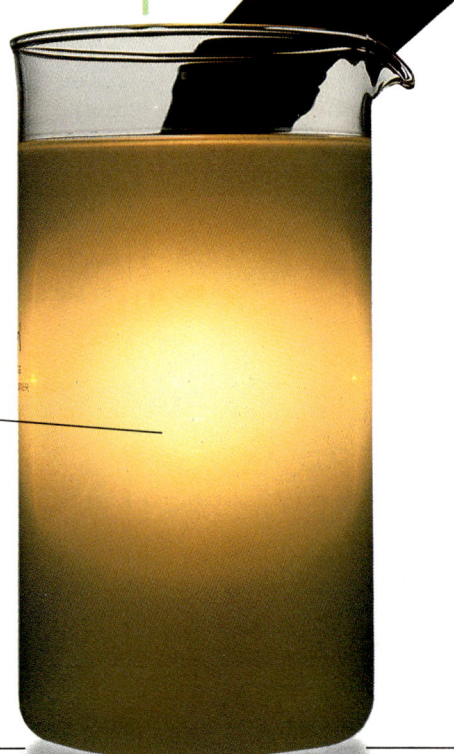

Rosiger Morgen, feuriger Abend
Morgens und abends steht die Sonne niedrig am Himmel. Ihr Licht muß deshalb einen längeren Weg durch die Lufthülle der Erde bis zu unserem Auge zurücklegen. Winzige Gas- und Staubteilchen in der Luft filtern auf diesem langen Weg einen Teil des Lichts aus. Nur Orange und Rot bleiben übrig.

41 Verborgene Farben entdecken

Saugfähiges Papier kann aus Lebensmittelfarben und Tinten einzelne Farbstoffe isolieren. Das ist möglich, weil einige Farbstoffe schneller aufgesogen werden als andere.

Du brauchst

Pipette

Papierklemmen

verschiedene Tinten und Lebensmittelfarben

Löschpapier

kleine Gläser

Stäbchen

1 Mische in jedem Glas verschiedene Tinten und Lebensmittelfarben.

Die Flüssigkeiten werden dunkel, wenn sich die Farben vermischen.

2 Nimm die Papierklemmen, und befestige Löschpapierstreifen an dem Stäbchen. Nimm die Pipette, und gib von jeder Farbmischung einen Tropfen auf einen Löschpapierstreifen.

Rot, Orange und Blau

Grün, Gelb und Blau

Braun und Blau

Blau, Purpur und Braun

3 Putze die Gläser, und gieße in jedes Glas etwas sauberes Wasser. Hänge die Löschpapierstreifen so in das Wasser, daß sie die Wasseroberfläche gerade erreichen. Die Farbmischungen auf jedem Streifen beginnen zu wandern und werden dabei in die einzelnen Farbstoffe aufgetrennt.

Farbenherstellung
Jede Farbe enthält eigentlich mehrere, einzelne Farben – sie sind nur verborgen. Farben werden hergestellt, indem man verschiedene Farbstoffe, die „Pigmente", vermischt. Unterschiedliche Mischungen ergeben verschiedene Farben.

42 Farbmischungen

Farbfotos in Büchern zeigen alle Farbtöne. Und doch braucht man dafür nur drei bunte Farben und Schwarz! Du kannst selbst zwei oder drei Farben mischen, um jeden beliebigen Farbton herzustellen.

Du brauchst

Schere

durchsichtige blaue, gelbe und rote Plastikbögen

1 Schneide die Plastikbögen in mehrere Streifen gleicher Breite.

2 Lege einen gelben und einen blauen Streifen auf einer weißen Unterlage über Kreuz. Wo die Streifen sich decken, wird die Fläche grün.

3 Lege einen roten Streifen über den gelben: Es erscheint Orange! Ordne die Streifen zu einem quadratischen Muster an.

orangefarbenes Quadrat

4 Lege einen weiteren roten Streifen so an, daß er den blauen überlappt. Es entsteht ein violetter Ton.

5 Lege weitere Streifen unterschiedlicher Farben an. Rot, Blau und Gelb mischen sich zu neuen Farben.

Violettfarbenes Quadrat

Gelb und Blau ergibt Grün.

Rot und Gelb ergibt Orange.

Wo Flächen gleicher Farbe sich überlappen, werden die jeweiligen Farbtöne besonders intensiv.

Blau und Rot ergibt Violett.

43 Drehung löscht Farben aus

Normales weißes Licht scheint keine Farbe zu haben. Und doch sind alle Farben des Regenbogens darin enthalten! Wenn du eine farbige Scheibe drehst, wirst du dies verstehen.

Du brauchst

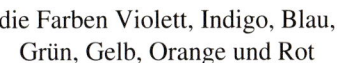

die Farben Violett, Indigo, Blau, Grün, Gelb, Orange und Rot

Winkelmesser

Malpinsel

spitzen Bleistift

Wasser zum Malen

1 Schneide aus weißem Karton eine runde Scheibe aus. Markiere sieben gleiche Sektoren. Bemale jeden mit einer anderen Farbe.

2 Stich den Bleistift mit der Spitze durch die Scheibenmitte. Drehe die Scheibe. Die Farben verschwimmen zu einem gelblichen bis weißen Farbton.

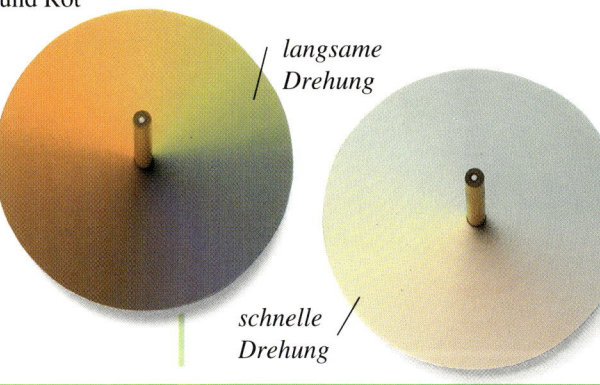

langsame Drehung

schnelle Drehung

44 Farbwechsel

Beleuchtete Gegenstände werfen Licht zurück – aber nicht die gesamte Lichtmenge! Nimm buntes Cellophanpapier als Farbfilter, so daß nur bestimmte Farben von einem Gegenstand zu dir gelangen können.

Du brauchst

rotes und grünes Cellophanpapier

Taschenlampe

schwarzen Karton mit Aussparung an Frontseite und Deckel

gelbe Banane

rote Spielkarte

grünen Apfel

1 Lege die Gegenstände in die Kiste. Decke grünes Cellophan über die obere Öffnung, und leuchte mit der Taschenlampe von der Seite hinein.

Die roten Herzen werfen kein grünes Licht zurück. Deshalb erscheinen sie schwarz.

Das grüne Cellophan läßt nur grünes Licht durch.

Die gelbe Banane und der grüne Apfel werfen beide grünes Licht zurück.

2 Nimm jetzt rotes Cellophan als Abdeckung. Die roten Herzen verschwinden! Der grüne Apfel wird schwarz, und die gelbe Banane erscheint rot.

Die weiße Spielkarte wirft alle Farben zurück, weshalb sie jetzt rot aussieht.

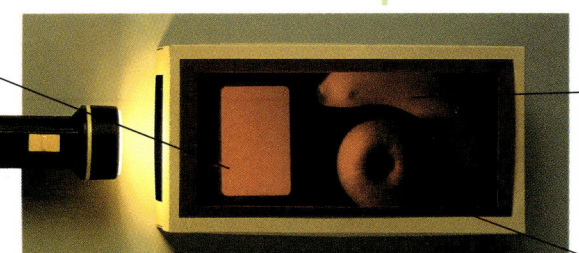

Das rote Cellophan läßt nur rotes Licht durch.

Im Gelb der Banane sind auch etwas Rot und etwas Grün enthalten.

Der grüne Apfel wirft gar kein rotes Licht zurück.

45 Farbtest

Wie durch Zauberei kann eine Flüssigkeit plötzlich ihre Farbe verändern! Diesen Farbwechsel kannst du als Test dafür benutzen, ob eine Flüssigkeit eine Säure oder eine Lauge ist.

Du brauchst

Sieb

Rotkohl, Messer, Hackbrett

Stieltopf

destilliertes Wasser

Löffel   großes Glas

vier kleine Gläser

1 Schneide den Rotkohl vorsichtig in kleine Stücke.

2 Erhitze destilliertes Wasser im Topf. Gib den Rotkohl hinzu.

3 Gieße das abgekühlte Rotkohlwasser durchs Sieb in das große Glas.

4 Schütte ein wenig Rotkohlwasser in jedes der kleinen Gläser.

Farbvarianten

Die Farbe von Hortensien hängt davon ab, ob der Boden, auf dem sie wachsen, sauer oder alkalisch ist. Auf saurem Boden werden sie blau, auf alkalischem werden sie rosa.

Zitronensaft

Essig

Weinstein

5 Teste Zitronensaft, Essig und Weinstein. Alle drei sind sauer: Sie färben das Rotkohlwasser rot.

destilliertes Wasser

6 Gib destilliertes Wasser zum Rotkohlwasser. Es bleibt bläulich-violett. Destilliertes Wasser ist weder eine Säure noch eine Lauge.

Soda

Leitungswasser

7 Wenn du Soda ins Rotkohlwasser gibst, wird es blau. Soda ist leicht alkalisch. Leitungswasser kann ähnlich wirken.

Ammoniak

Waschpulver

8 Teste etwas Ammoniak und Waschpulver. Diese starken Laugen machen das Rotkohlwasser grün.

46 Unsichtbare Tinte

Mit unsichtbarer Tinte kannst du geheime Botschaften verschicken! Der Empfänger kann die Schrift sichtbar machen, indem er die Farbe des Papiers verändert.

Du brauchst

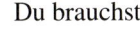

 Pipette

Pinsel

 Jodtinktur

 kleines Glas

kleine Glasschale

Zitronen

 weißes Papier

1 Drücke etwas Zitronensaft in die Glasschale aus.

2 Gieße etwas Wasser in das Glas. Bitte einen Erwachsenen, die Jodtinktur hinzuzugeben.

Die Flasche mit Jod muß gut verschlossen und sicher aufbewahrt werden.

3 Tauche den Pinsel in den Zitronensaft, und schreibe damit deine Nachricht auf.

Laß den Zitronensaft trocknen.

4 Bestreiche das Papier mit der Mischung aus Jod und Wasser.

Stärke nachweisen

In Papier ist ein wenig Stärke enthalten. Sie wird durch Jod violett. Du kannst prüfen, ob Lebensmittel Stärke enthalten. Tropfe etwas Jod auf eine Lebensmittelprobe, z.B. auf Brot. Wenn das Lebensmittel violett wird, dann enthält es Stärke. Du darfst die Probe nach dem Versuch nicht mehr essen!

5 Die Jodlösung läßt die unsichtbare Schrift auf dem Papier erscheinen.

Du kannst deine Botschaft verschlüsseln, indem du Zahlen statt Buchstaben verwendest.

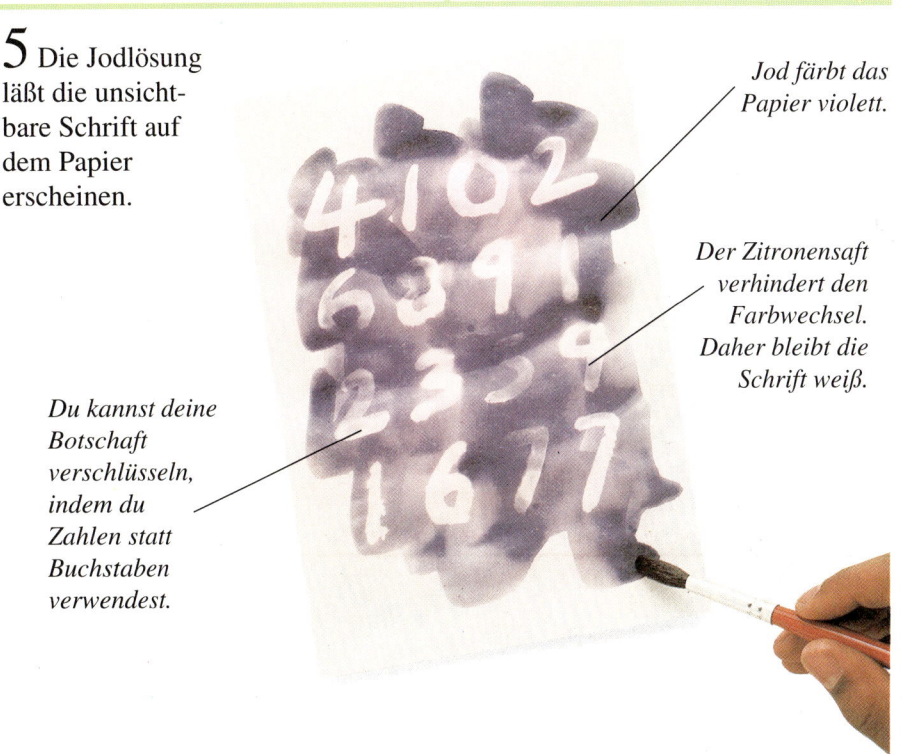

Jod färbt das Papier violett.

Der Zitronensaft verhindert den Farbwechsel. Daher bleibt die Schrift weiß.

Schöne Muster drucken

Du kannst selbst schöne, bunte Muster drucken. Die Farben gelangen in ähnlicher Weise aufs Papier wie beim Buchdruck.

Du brauchst

Farb-palette

Leinsamenöl oder Spiritus

dickes Papier

Schale Wasser

Pinsel

Posterfarben

1 Gib die Poster-farben auf die Palette.

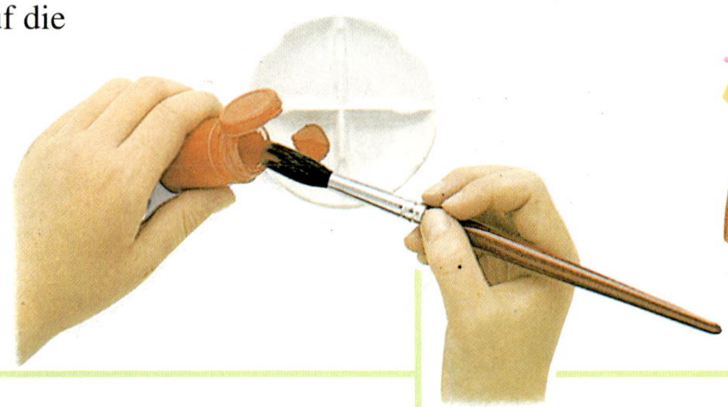

2 Mische ein wenig Leinsamen-öl oder Spiritus mit jeder Farbe.

3 Nimm mit dem Pinsel eine Farbe auf, und verteile sie vorsichtig im Wasser.

4 Füge dann die nächste Farbe hinzu. Vermische die Farben zu einem Muster.

5 Lege ganz vorsichtig ein Blatt Papier auf die Wasseroberfläche.

6 Hebe das Papier langsam vom Wasser ab, und lege es auf eine glatte Fläche.

7 Laß das Papier trocknen. Es trägt nun das Farbmuster, das auf der Wasseroberfläche war.

Das gefärbte Öl mischt sich nicht mit Wasser und wird unverändert vom Papier aufgesogen.

Ein Muster aus Rot und Blau

Ein Muster aus Rot und Gelb

Ein Muster aus Gelb und Blau

Farbdruck

Farbdruckmaschinen haben Walzen, über die Druckfarben auf das Papier gepreßt werden. Das Papier läuft durch die Walzen und nimmt dabei die Druckfarbe an. Jede Walze druckt eine andere Farbe.

48 Farben aus dem Nichts

In einem durchsichtigen Stück Plastik können Farben erscheinen, wenn du durch eine bestimmte Art von Sonnenbrille blickst. Weißes Licht enthält alle Farben. Die Sonnenbrille filtert einige dieser Farben aus, während sie andere passieren läßt.

Du brauchst

polarisierte Sonnenbrille

Plastikbox einer Tonkassette oder CD

Lampe

1 Richte die Lampe auf die Plastikbox. Schalte die Lampe ein.

2 Setz die Sonnenbrille auf, und sieh die Plastikbox an.

Brechungspunkt

Polarisationsfilter wirken ähnlich wie Sonnenbrillen. Man benutzt sie, um Schwachstellen in Plastikteilen zu erkennen. Durch ein Polarisationsfilter sieht man farbige Streifen an den Stellen, wo das Plastik brechen könnte.

3 Du siehst Farbstreifen in der Plastikbox! Das Plastik verändert das von der Lampe kommende weiße Licht, und die Sonnenbrille läßt nur bestimmte Anteile davon durch, die du als Farben siehst.

Wachstum

Am Anfang ihres Lebens sind alle Pflanzen und Tiere klein. Um wachsen zu können, brauchen sie Nahrung. Pflanzen können ihre Nahrung aus Luft, Wasser und Sonnenlicht selbst herstellen. Sie bilden daraus Äste und Blätter, Blüten und Früchte. Die Blätter und die Früchte können wiederum Nahrung für Menschen und Tiere sein.

Weltrekordler
Diese Bäume sind die größten Lebewesen der Erde. Es sind Riesenmammutbäume, die bis zu 110 m hoch werden. Ihr Leben beginnen sie wie alle Pflanzen als kleine Samen.

Pflanzenmaterial
Viele nützliche Dinge sind aus Pflanzenmaterial hergestellt, so etwa Baumwollkleidung oder Papier (Holz).

Knospen
Stell ein paar knospentragende Zweige ins Wasser. Bald schon werden Blätter und Blüten aus den Knospen schießen. Die Zweige auf dem Foto sind von einer Kastanie.

Nahrung
Manche Pflanzen können wir gleich als Nahrungsmittel verwenden wie dieses Obst und Gemüse. Andere Pflanzen hingegen müssen erst zu Lebensmitteln, z. B. Brot und Zucker, verarbeitet werden.

Lebewesen
Alle Lebewesen bestehen aus winzigen Teilen, den Zellen. Mit einer starken Lupe kann man bei manchen Pflanzen die Zellen erkennen. Versuche es an einer Moospflanze wie der auf dem Bild.

49 Was Samen brauchen

Samen sind scheinbar leblos, und doch wachsen aus ihnen plötzlich Pflanzen! Sie brauchen dafür drei Dinge: Wasser, Sauerstoff und Wärme.

Du brauchst

Wasser

Papierhandtücher Schüssel mit Wasser

drei tiefe Untertassen

Bohnen

1 Schütte die Bohnen in die Schale mit Wasser, und laß sie über Nacht quellen.

2 Lege Papierhandtücher in die Untertassen, eventuell zusammenfalten.

3 Befeuchte das Papierhandtuch auf der ersten Untertasse mit nur wenig Wasser.

4 Lege auf jedes Handtuch ein paar Bohnen.

Gieße jeden Tag so viel Wasser nach, daß die Bohnen davon bedeckt bleiben.

5 Gieße so viel Wasser in die zweite Untertasse, daß die Bohnen davon bedeckt sind.

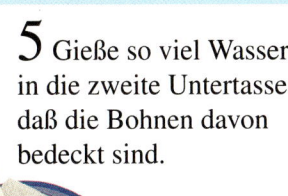

6 Laß die Untertassen ein paar Tage lang an einem warmen Platz stehen.

Die von Wasser bedeckten Bohnen beginnen zu keimen, aber das Wasser verhindert den Zutritt von Luft. Deshalb wachsen die Bohnen nicht weiter.

Den trockenen Bohnen fehlt Wasser, deshalb keimen sie nicht.

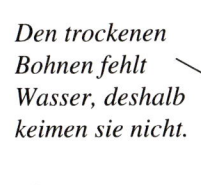

Halte das Papier feucht. Gieße bei Bedarf etwas Wasser nach.

Diese Bohnen wachsen, weil sie alles haben, was sie brauchen: Wasser aus dem feuchten Papier, Sauerstoff aus der Luft und Wärme.

Nutzpflanzen

Ein Bauer sät die Getreidesamen aus. Die Samen brauchen zunächst Wasser, damit sie keimen können, und später benötigen die jungen Pflanzen das Wasser zum Wachsen. Falls es nicht regnet, müssen die Samen und die jungen Pflanzen bewässert werden. Auf dem Bild wird ein Feld gerade beregnet.

50 Wie Pflanzen wachsen

Die meisten Pflanzen beginnen ihr Leben unterirdisch. Aber es gibt eine Möglichkeit, zu beobachten, wie eine Pflanze keimt: Du kannst eine Bohne in einem Glas keimen lassen und alles genau verfolgen!

Du brauchst

Wasser

trockene Bohne

Löschpapier oder Papierhandtuch

hohes Glas

1 Rolle das Löschpapier zusammen, und stecke es in das Glas. Schiebe die Bohne zwischen Glas und Papier. Befeuchte das Löschpapier, und stell das Glas an einen warmen Platz.

2 Nach ein paar Tagen schiebt sich eine Wurzel aus der Bohne und wächst nach unten. Sie sucht nach Wasser, das die Bohne zum Wachsen benötigt.

3 Ein grüner Sproß streckt sich aus der Bohne nach oben und wächst in die Höhe. Er sucht nach Licht, das die Energie zum Wachsen liefert. Nach unten wachsen weitere Wurzeln.

Die Bohne sollte vor dem Versuch einen Tag lang in Wasser gelegen haben.

Das Papier muß immer feucht sein. Gieße also rechtzeitig Wasser nach.

Zuerst nutzt die Bohne ihren eigenen Nährstoffvorrat, später die Lichtenergie.

Wurzeln wachsen nach unten

Laß eine Bohne einen Tag lang in Wasser quellen, dann stecke einen Draht hindurch. (Bitte einen Erwachsenen, dir dabei zu helfen.) Befestige den Draht am Deckel eines Schraubglases. Stecke feuchte Watte in das Glas, und schraube dann den Deckel auf. Leg das Glas auf die Seite, und laß es ein paar Tage liegen, bis eine Wurzel zu wachsen beginnt. Drehe dann das Glas und warte einige Tage, und du wirst sehen, daß die Wurzel ihre Richtung ändert: Sie wächst erneut nach unten!

Die Wurzel wächst wieder nach unten, nachdem das Glas gedreht wurde.

51 Ein Pflanzenlabyrinth

Laß eine Pflanze ihren Weg durch ein Labyrinth suchen! Dieser Versuch zeigt, daß Pflanzen sich dem Licht zuwenden. Sie brauchen die Energie des Lichts.

Du brauchst

zwei Bögen Karton

Kanne Wasser

Schere

Topf mit Blumenerde

Stangenbohne

Schuhkarton

1 Schneide eine große Öffnung in eine Schmalseite des Schuhkartons.

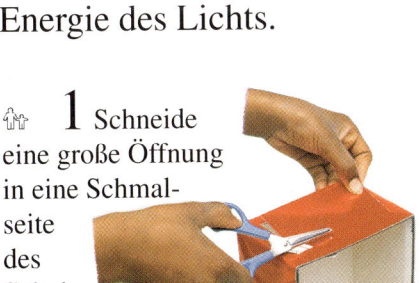

2 Schneide Öffnungen in die beiden Pappbögen.

Lege die Bohne zuvor einen Tag lang in Wasser.

3 Pflanze die Bohne in den Topf, und gieße sie.

4 Passe nun einen der Pappbögen in den Schuhkarton ein. Stell den Topf darunter.

5 Verschließe den Schuhkarton mit dem Deckel. Stell den Karton an einen warmen, hellen Platz.

Die junge Pflanze wächst immer in die Richtung, aus der das Licht einfällt.

Hohe Bäume

Licht ist lebenswichtig. Bäume wachsen sehr hoch, damit ihre Blätter nicht im Schatten anderer Pflanzen stehen. In einem dichten Wald kann es jedoch schwierig werden, genug Licht zu bekommen. Am Waldboden ist es oft dämmerig und schattig, aber einige Pflanzen haben sich auch daran angepaßt.

6 Setze das zweite Kartonstück ein, wenn der Keimling wächst.

7 Die Pflanze wendet sich immer der Lichtquelle zu und wächst durch die Öffnungen der beiden Kartonbögen.

52 Ein Steckling wächst

Einige Pflanzen kann man zerteilen, und aus jedem Teil wächst eine neue Pflanze! Die abgeschnittenen Teile heißen „Stecklinge", weil man sie in Erde steckt.

Du brauchst

Plastiktüte

Gartenschere

Gummiring

Topf mit feuchter Blumenerde

Geranie

1 Bitte einen Erwachsenen, einen Seitentrieb der Geranie abzuschneiden. Er sollte Blätter haben, aber keine Blüte.

2 Pflanze diesen Steckling in den Topf. Zieh die Plastiktüte darüber.

Sichere die Tüte mit dem Gummiring.

3 Im Laufe der nächsten Wochen wird aus deinem Steckling eine kleine Geranienpflanze werden. Du mußt die Erde immer leicht feucht halten.

53 Pflanzen erzeugen Gas

Die Energie des Lichts dient den Pflanzen dazu, Nährstoffe aufzubauen. Sie erzeugen hierbei Sauerstoff, der in die Luft oder ins Wasser abgegeben wird.

Du brauchst

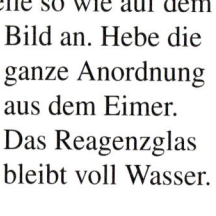

weites Marmeladenglas

Wasserpflanze

Trichter

Reagenzglas

1 Tauche das Glas, die Wasserpflanze, den Trichter und das Reagenzglas in einem Eimer voll Wasser unter. Dann ordne die Teile so wie auf dem Bild an. Hebe die ganze Anordnung aus dem Eimer. Das Reagenzglas bleibt voll Wasser.

Die Wasserpflanze erzeugt Sauerstoff. Er sammelt sich oben im Reagenzglas.

2 Stell die Anordnung ins Licht. Die Wasserpflanze gibt Gasbläschen ab, die aufsteigen!

Sauerstoff zum Leben

Fische atmen Sauerstoff, der im Wasser gelöst ist. Deshalb ist es wichtig, in einem Aquarium grüne Pflanzen zu haben: Sie geben Sauerstoff ans Wasser ab. Grüne Pflanzen an Land geben Sauerstoff an die Luft ab. Der Vorgang, durch den Pflanzen Nährstoffe und Sauerstoff erzeugen, heißt „Photosynthese".

54 Pflanzen erzeugen Stärke

Die Bezeichnung für die Nährstoffe der Pflanzen ist „Stärke". Sie wird in den Blättern erzeugt. Prüfe nach, ob sich in den Blättern einer Geranie Stärke befindet.

Du brauchst

Schale

Methyl-Spiritus

Jod und eine Pipette

Stieltopf

Becher

Klebeband

schwarze Plastikfolie

Schere

Pinzette

1 Umhülle einige Blätter ganz mit der schwarzen Plastikfolie. Laß die Geranie für zwei Tage an einem hellen Platz stehen. Pflücke dann ein verhülltes und ein unverhülltes Blatt ab.

Durch das Plastik gelangt kein Licht. Das Blatt verbraucht seinen Vorrat an Stärke und kann keine neue erzeugen.

2 Erhitze Wasser im Topf. Erwärme den Spiritus im Glasbecher. Tauche beide Blätter erst in das heiße Wasser, lege sie dann in den Spiritus.

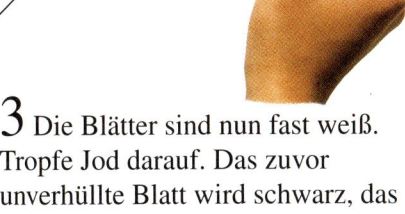

Der Stoff, der Blätter grün färbt, ist das Blattgrün oder „Chlorophyll". Es hilft mit bei der Erzeugung von Stärke.

Das Chlorophyll wird durch das heiße Wasser und den Spiritus entfernt. Die Blätter werden bleich.

3 Die Blätter sind nun fast weiß. Tropfe Jod darauf. Das zuvor unverhüllte Blatt wird schwarz, das verhüllte Blatt nicht.

Dieses grüne Blatt ist nicht behandelt worden. Es enthält noch Chlorophyll.

Dies ist das zuvor verhüllte Blatt. Es enthält keine Stärke mehr und wird durch Jod nicht schwarz gefärbt.

Dies ist das unverhüllte Blatt. Durch das Jod wird es bläulich-schwarz.

55 Ein Garten in der Flasche

Eine große Glasflasche kann zu einem Gewächshaus umfunktioniert werden. Pflanzen wie Farne und Moose, die an schattigen, feuchten Standorten gedeihen, werden sich in einem Flaschengarten wohl fühlen. Er versorgt sie mit allem, was sie zum Leben brauchen: Wasser, Luft, Licht und Wärme.

Du brauchst

eine große Glasflasche oder bauchige Vase

Schere

kleine Farne

mehrere Moosarten

kleine Steine oder Kies

Holzkohle

torfhaltige Blumenerde

mit Flechten bewachsenen Zweig

Sprühflasche

Löffel

Kanne Wasser

1 Fülle eine Schicht Kies in die Flasche, und bedecke sie mit ein wenig Holzkohle.

2 Schichte nun eine dicke Lage Torferde darauf, und drücke sie mit einem Schwamm fest.

3 Grabe kleine Löcher in die Erde, und pflanze in jedes Loch einen Farn.

4 Fülle nach dem Pflanzen jedes Loch wieder mit Erde auf, und drücke sie leicht fest.

5 Für die Moose machst du kleine Mulden in die Erde. Achte darauf, daß das Glas sauber bleibt.

6 Lege den Zweig zwischen die Pflanzen. Gieße deinen Flaschengarten, bis die Erde feucht ist.

7 Stell den Flaschengarten an einen hellen Platz, aber nicht in direktes Sonnenlicht. Wenn die Erde trocken wird, sprühe etwas Wasser darauf.

8 Zur Pflege deines Gartens gehört es, daß du abgestorbene Blätter und Sprosse vorsichtig abschneidest und entfernst.

9 Halte den Garten die meiste Zeit mit einem Korken verschlossen. Wenn sich am Glas Wassertropfen bilden, dann nimm den Korken ab. Wenn die Tropfen verschwunden sind, setze den Korken wieder auf.

Unter Glas
In Gewächshäusern gedeihen auch Pflanzen, die im Freien eingehen würden. Das Gewächshaus schützt sie vor Kälte. Sonnenlicht gelangt ungehindert durch das Glas und liefert den Pflanzen die Energie, die sie zum Wachsen brauchen. In kühlen Ländern hat man oft sehr große Gewächshäuser in den botanischen Gärten angelegt. Dort können die Besucher auch solche Pflanzen bewundern, die aus viel wärmeren Gegenden der Erde stammen.

10 Zur Vermehrung bilden Moose Sporenkapseln an kleinen Stielen. Farne bilden Sporen-häufchen an der Unterseite ihrer Blätter.

Die Sporenhäufchen der Farne sitzen an den Unterseiten ihrer Blätter.

Flechten sind Lebensgemein-schaften aus einer Pilz- und einer Algenart.

Die braunen Pünktchen sind Sporenkapseln von Moosen.

Sinne

Als „Sinne" bezeichnet man die Fähigkeiten, zu sehen, zu hören, zu riechen, zu schmecken und zu tasten. Du benutzt deine Sinne, um die Welt um dich herum wahrzunehmen. Die Sinne helfen dir, deine Handlungen zu steuern und zu überleben. Deine Augen liefern dir z. B. ein Bild von der Umwelt und davon, was gerade in ihr geschieht.

Sprechende Hände
Um mit jemandem zu „sprechen", der nicht hören kann, verwendet man Zeichensprache. Das Sehen muß hier das Hören ersetzen: Ein tauber Mensch beobachtet die Zeichen und versteht dadurch, was ihm „gesagt" wird.

Eindrucksvoll
Unsere Sinne vermitteln uns eindrucksvolle Erlebnisse, z. B. Lichtspiele und Geräusche bei einem Popkonzert.

Am Ball
Beim Spielen muß man gut sehen, gut hören und gut tasten können. Ein guter Spieler nutzt all diese Sinne: Er reagiert rasch auf den Anblick oder auf das Geräusch des Balles, er fängt ihn sicher und wirft ihn genau.

Ein verlockender Anblick
Mit den Augen und mit den Händen wählen wir unsere Nahrung aus, z. B. aus diesem Angebot von Gemüse auf einem Markt. Das Essen genießen wir, indem wir die Nahrung schmecken und riechen.

56 Wie hört das Ohr?

Ein Geräusch, das dein Ohr erreicht, löst darin ein Signal aus, das an dein Gehirn geleitet wird. Es entwickelt daraus den Eindruck eines Tones. Ein Modell hilft dir, dies zu verstehen.

Du brauchst

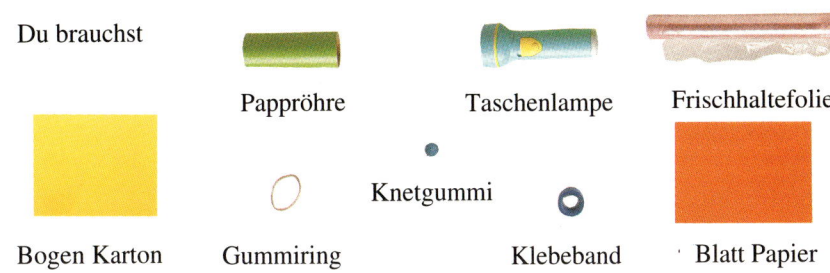

Pappröhre · Taschenlampe · Frischhaltefolie

Bogen Karton · Gummiring · Knetgummi · Klebeband · Blatt Papier

1 Stülpe die Folie über das eine Ende der Pappröhre. Befestige sie mit dem Gummiring.

Die Folie muß elastisch sein.

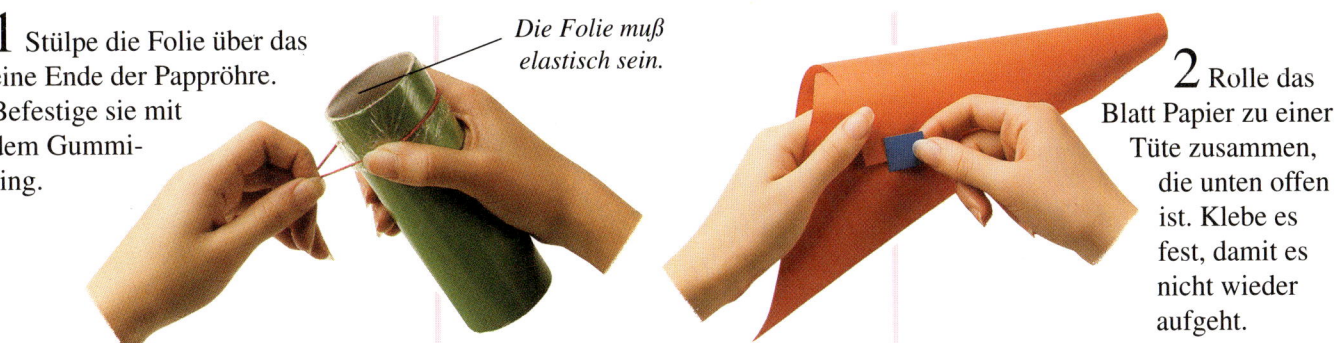

2 Rolle das Blatt Papier zu einer Tüte zusammen, die unten offen ist. Klebe es fest, damit es nicht wieder aufgeht.

3 Schiebe die Tüte mit dem schmalen Ende in die Pappröhre. Klebe Tüte und Pappröhre zusammen.

Befestige den Karton mit Knetgummikugeln.

4 Stell den Karton auf einen Tisch. Lege die Röhre vor den Karton. Leuchte mit der Taschenlampe auf die Folie, so daß das Licht auf den Karton gelenkt wird.

Im Innern des Ohres

Geräusche versetzen das Trommelfell in Schwingung. Es überträgt die Schwingungen auf kleine Knöchelchen. Diese leiten die Schwingung weiter an Gänge, die mit Flüssigkeit gefüllt sind. Von dort leiten feine Nerven entsprechende Signale an das Gehirn.

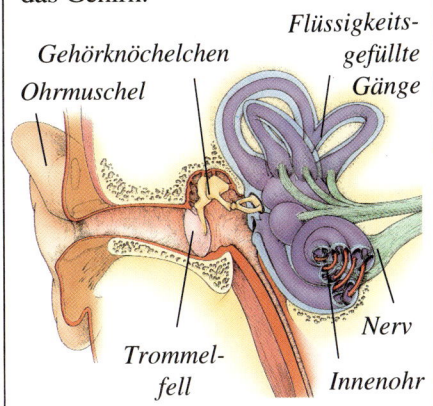

Gehörknöchelchen · Flüssigkeitsgefüllte Gänge · Ohrmuschel · Trommelfell · Nerv · Innenohr

Die Folie wirft Licht zurück, das auf dem Karton als heller Fleck erscheint. Wenn die Folie in Schwingung gerät, wackelt der Lichtfleck.

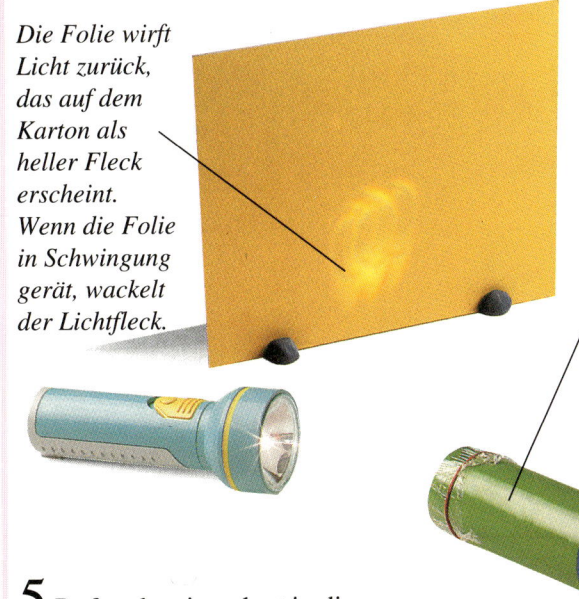

5 Rufe oder singe laut in die Papiertüte. Der Lichtfleck wird kräftig wackeln!

Die Folie entspricht dem Trommelfell in deinem äußeren Gehörgang. Schall versetzt das Trommelfell in Schwingung, wodurch Nervenimpulse erzeugt werden, die ans Gehirn weitergeleitet werden.

Die Ohrmuschel (die Papiertüte) leitet den Schall in den Gehörgang (die Pappröhre).

57 Wie sieht das Auge?

Mit einem Vergrößerungsglas und einer Kugelvase kannst du ein Modell deines Auges bauen. Es wird dir zeigen, wie im Auge Bilder erzeugt werden.

Du brauchst

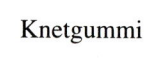

Klebeband

Knetgummi

Papiertaschentuch

Karton

Vergrößerungs-glas

Schere

Taschenlampe

Kugelvase

1 Klebe das Taschentuch vorn auf die Vase.

2 Nimm Knetgummi als Ständer für das Vergrößerungsglas, und stell es vor der Vase auf.

3 Falte den Karton, und schneide die Hälfte einer Figur aus.

4 Stell den Karton vor das Vergrößerungsglas.

Die Linse im Auge wirkt wie ein Vergrößerungsglas.

Die Taschenlampe beleuchtet die Gestalt vor dem Modellauge.

Die Kugelvase stellt deinen Augapfel dar.

Das Papiertaschentuch entspricht der Netzhaut in deinem Augapfel.

Das Vergrößerungsglas bündelt die Lichtstrahlen und erzeugt ein Abbild.

5 Leuchte mit der Taschenlampe auf die Gestalt. Auf dem Taschentuch erscheint ein auf dem Kopf stehendes Abbild. Verschiebe das Vergrößerungsglas, bis das Abbild scharf ist.

Das Abbild wird auf die Netzhaut geworfen. Sie sendet entsprechende Nervensignale ans Gehirn, wo der bildliche Eindruck entsteht.

Eingang ins Auge

In der Augenmitte befindet sich die Pupille. Durch sie gelangt Licht in das Auge. Die Pupille kann größer oder kleiner werden. So kann die Lichtmenge, die ins Auge fällt, reguliert werden. Bei Dämmerlicht ist die Pupille größer und läßt mehr Licht durch.

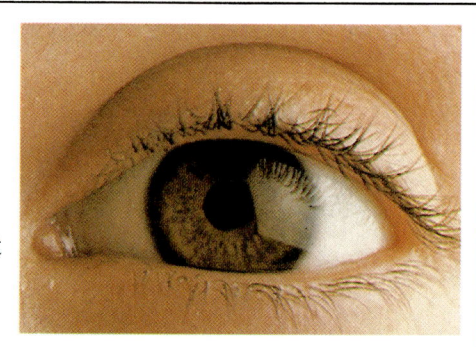

58 Zwei Bilder zugleich sehen

Du kannst deine Augen überlisten und nur ein Bild sehen, wo eigentlich zwei vorhanden sind! Dieses Experiment zeigt, wie die bewegten Bilder im Kino und im Fernsehen entstehen.

Du brauchst

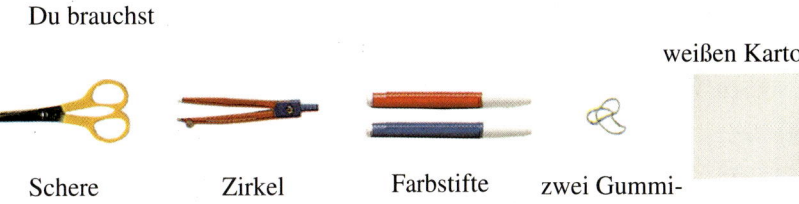

Schere   Zirkel   Farbstifte   zwei Gummiringe   weißen Karton

1 Male mit dem Zirkel einen Kreis auf den Karton, und schneide ihn aus.

2 Male mit einem Farbstift einen Ring auf den Karton. Mache zwei gegenüberliegende Löcher in den Rand.

3 Dreh den Karton um, und zeichne mit dem anderen Farbstift ein Kreuz.

4 Ziehe einen Gummiring durch jedes Loch.

5 Drehe die Gummiringe auf, indem du sie festhältst und den Karton drehst.

6 Laß den Karton los. Während er herumwirbelt, siehst du das Kreuz mitten im Kreis!

Der Karton wirbelt so schnell herum, daß das Auge die Bilder nicht einzeln wahrnehmen kann: Es scheint sich nur um ein Bild zu handeln.

Im Gehirn wird der Eindruck eines Gegenstandes noch für eine kurze Zeit registriert, nachdem das Auge diesen schon nicht mehr sieht.

Bewegte Bilder
Filme bestehen aus lauter starren Einzelbildern. Das nächste Bild ist jeweils ein klein wenig anders als das vorige. Die Bilder erscheinen ganz schnell hintereinander auf dem Bildschirm. Unser Auge nimmt sie daher nicht als einzelne, feste Bilder wahr, sondern als fließende Bewegung.

59 Der Wackeltest

Wenn wir Entfernungen einschätzen wollen, brauchen wir dafür beide Augen. Der Wackeltest wird dir dies beweisen.

Du brauchst

zwei Marmeladendeckel

blanken Draht

Schere

drei Stück Klingeldraht mit blanken Enden

Glühbirne mit Sockel

Knetgummi

Klebeband

Batterie

Schraubenzieher

1 Fülle die Deckel mit Knetgummi, und stecke den gebogenen, blanken Draht hinein.

Biege den Draht, so daß sich Schlaufen ergeben.

2 Nimm ein Stück Klingeldraht, und verbinde ein Ende des blanken Drahtes mit der Batterie.

3 Nimm das zweite Stück Klingeldraht, und verbinde die Batterie mit der Glühbirne.

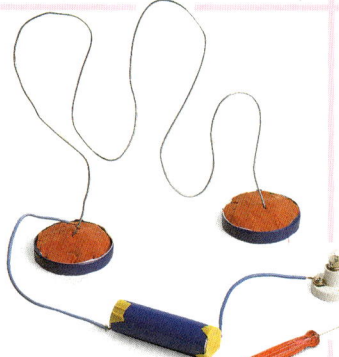

4 Nimm das dritte Stück Klingeldraht, und verbinde ein Ende mit der Glühbirne. Biege das andere Ende zu einer Schlaufe.

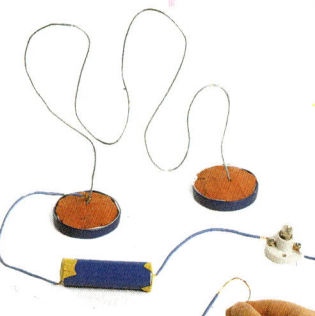

5 Führe die Schlaufe um den gebogenen, blanken Draht. Versuche, mit der Schlaufe am blanken Draht entlangzufahren, ohne diesen zu berühren. Wenn du ihn berührst, leuchtet die Glühbirne auf. Laß erst beide Augen offen, dann nur eines. Was ist leichter?

Beute im Blick
Eulen haben große, nach vorn gerichtete Augen. Damit können sie erkennen, in welcher Entfernung sich die Beute befindet. Ebenso wie die Eule braucht auch der Mensch beide Augen, um festzustellen, wie nah oder fern ein Gegenstand ist. Jedes Auge sieht den Gegenstand aus einer anderen Richtung. Dadurch kann das Gehirn den Gegenstand lokalisieren.

Die Schlaufe darf keine Isolierung haben.

Mit nur einem Auge ist es viel schwieriger, Abstände zu erkennen. Du wirst viel mehr wackeln.

60 Vertauschte Ohren

Aus allen Richtungen gelangen Geräusche an unser Ohr. Weil wir zwei Ohren haben, können wir feststellen, von wo der Schall kommt. Du kannst deine Ohren aber überlisten!

Du brauchst

zwei Plastikschläuche

Klebeband

Stoff

zwei Plastiktrichter

Isolierband

Holzstab

1 Stecke auf jeden Trichter einen Plastikschlauch. Befestige die Schläuche auf dem Holzstab, so wie auf dem Bild dargestellt. Stecke dir die Enden der Plastikschläuche in die Ohren – aber vorsichtig!

2 Bitte einen Freund, an dir vorbeizugehen und dabei Geräusche zu machen. Der Schall scheint den entgegengesetzten Weg zu gehen wie dein Freund!

Der von links kommende Schall wird ins rechte Ohr geleitet und umgekehrt.

Umhülle die Schlauchenden mit etwas Stoff.

Echo-Ortung
Fledermäuse orientieren sich mit Schall. Sie stoßen Töne aus, die für menschliche Ohren nicht zu hören sind (Ultraschalltöne). Die Töne werden von Gegenständen zurückgeworfen, und die Fledermäuse erkennen an diesen Echos den Ort, die Größe und die Beschaffenheit der Gegenstände. Diese Echo-Ortung funktioniert so gut, daß Fledermäuse im Dunkeln Insekten fangen können.

61 Eine Landkarte der Zunge

Die Zunge kann nur vier Geschmackswahrnehmungen unterscheiden. Der Geschmackssinn ist auf verschiedene Bereiche der Zunge verteilt.

Du brauchst

Pipette

Löffel

Papier

Wasser Zitrone

Tee, Kaffee, Zucker, Salz

vier Gläser

Pinsel

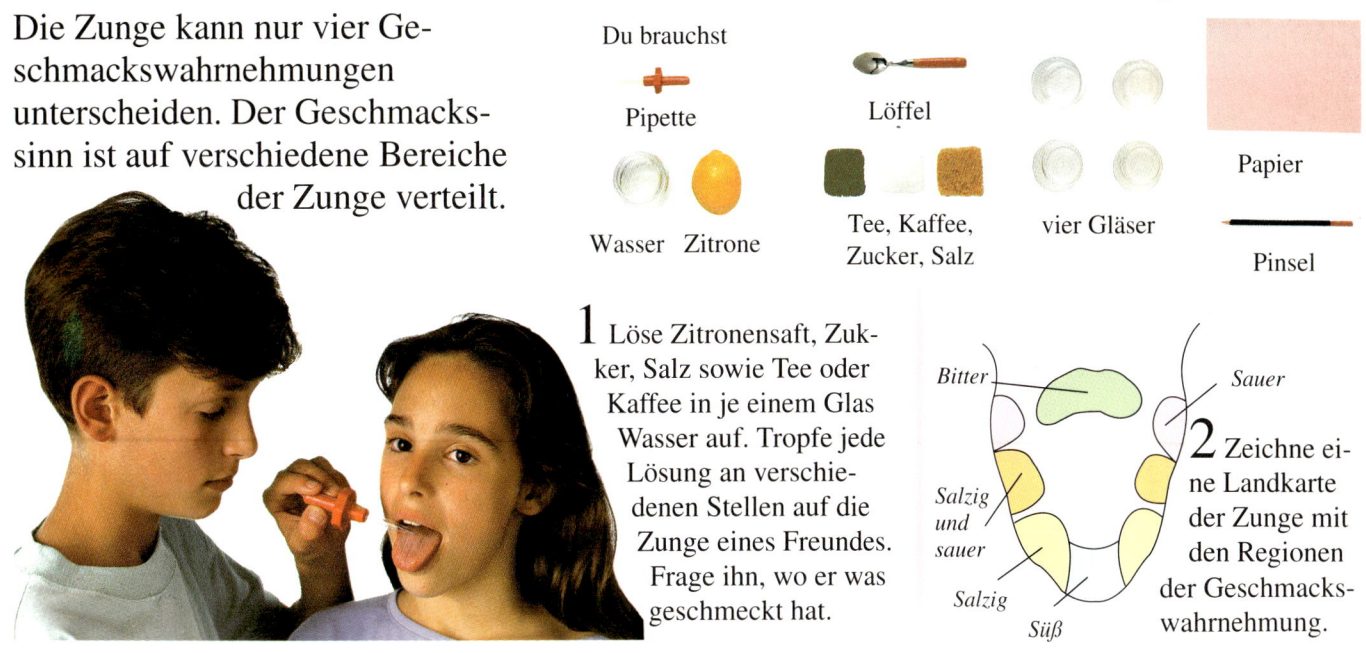

1 Löse Zitronensaft, Zucker, Salz sowie Tee oder Kaffee in je einem Glas Wasser auf. Tropfe jede Lösung an verschiedenen Stellen auf die Zunge eines Freundes. Frage ihn, wo er was geschmeckt hat.

Bitter

Sauer

2 Zeichne eine Landkarte der Zunge mit den Regionen der Geschmackswahrnehmung.

Salzig und sauer

Salzig

Süß

Schall und Musik

Töne und Geräusche sind unsere ständigen Begleiter. Unsere Sprache ist eine Abfolge von Tönen. Bestimmte Tonfolgen, wie z. B. Musik, bereiten uns große Freude. Andere Töne, wie etwa Sirenengeheul, warnen uns vor Gefahren. Es gibt unbeschreiblich viele verschiedene Töne und Geräusche: Sie alle werden verursacht durch Schallwellen.

Schallsignale
Sehr oft verwenden wir Töne als Signale. Mit einer Pfeife kann man in einem Spiel die Signale „Halt" oder „Weitermachen" geben.

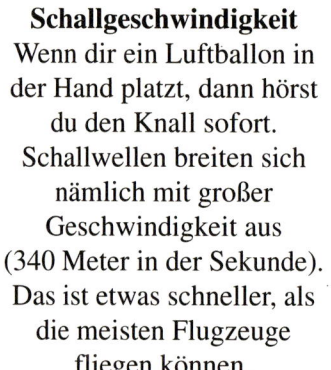

Schallbilder
Dies ist ein Bild eines ungeborenen Babys im Bauch der Mutter! Das Bild wurde mit Schallwellen aufgenommen, die unser Ohr nicht hören kann, dem „Ultraschall".

Schallgeschwindigkeit
Wenn dir ein Luftballon in der Hand platzt, dann hörst du den Knall sofort. Schallwellen breiten sich nämlich mit großer Geschwindigkeit aus (340 Meter in der Sekunde). Das ist etwas schneller, als die meisten Flugzeuge fliegen können.

Gesang im Meer
Viele Tiere erzeugen Töne, um sich Botschaften zu übermitteln. Wale „singen", und ihre Töne breiten sich im Wasser über Hunderte von Kilometern aus.

Musik
Musik macht Spaß – gleich, ob man nur zuhört, singt oder selbst musiziert. Auch mit selbstgebauten Instrumenten wie dieser Trommel kann man richtig Musik machen. In der Anleitung Nr. 69 auf Seite 80 wird erklärt, wie man eine Trommel baut.

64 Schallwirkungen sehen

Wenn etwas einen Ton erzeugt, dann schwingt es schnell hin und her: Es vibriert. Die Vibrationen werden auf die Luft übertragen, die in Schwingungen versetzt wird. Wir nehmen diese als Schallwellen wahr. Du kannst nachweisen, daß Töne Schwingungen erzeugen.

Du brauchst

Gummiring

Plastikschüssel

Stieltopf

Plastiktüte oder -folie

ungekochten Reis

Schere

Kochlöffel

Klebeband

1 Schneide ein Stück Plastikfolie aus, das etwas größer ist als der Durchmesser der Schüssel.

2 Lege die Folie über die Öffnung der Schüssel, und befestige sie mit dem Gummiring.

3 Klebe die überstehenden Teile der Folie mit Klebeband an die Schüssel.

Spanne die Folie ganz straff.

5 Halte den Topf dicht an die Schüssel. Schlage mit dem Kochlöffel auf den Boden des Topfes. Die Reiskörner springen umher!

4 Streue ein paar Reiskörner auf die Folie.

Schläge erzeugen Töne, die sich als Wellen fortpflanzen.

Schallwellen breiten sich durch die Luft aus und versetzen das Plastik in Schwingungen.

Schallwellen

Hier horcht ein Junge auf den Ton einer Stimmgabel. Die Stimmgabel sendet Schallwellen aus. Wären diese Luftschwingungen sichtbar, dann würden sie ähnlich aussehen wie die blauen Linien. Wenn du einen Ton hörst, erreichen in jeder Sekunde mehrere hunderttausend Luftschwingungen deine Ohren.

Die Reiskörner wackeln und springen auf dem Plastik. Von der Seite kann man dies besonders gut beobachten.

65 Baue eine Schallkanone

Sehr lauter Schall kann Gegenstände in Bewegung versetzen. Du kannst dies überprüfen, indem du Schallwellen auf ein Ziel abfeuerst und es zum Schwingen bringst.

Du brauchst

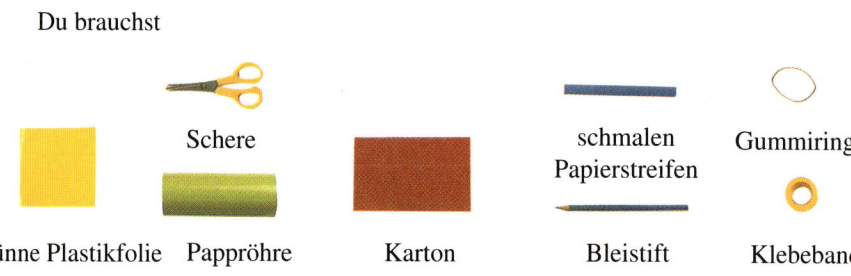

dünne Plastikfolie   Schere   Pappröhre   Karton   schmalen Papierstreifen   Bleistift   Gummiring   Klebeband

1 Zeichne mit Hilfe der Röhre einen Kreis auf das Papier.

2 Schneide den Kreis aus.

3 Stich mit dem Bleistift ein kleines Loch in die Kreismitte.

4 Klebe den Kreis auf die eine Röhrenöffnung.

5 Befestige die Plastikfolie mit dem Gummiring über der anderen.

6 Knicke den Papierstreifen im rechten Winkel um, und klebe ihn auf einen Tisch.

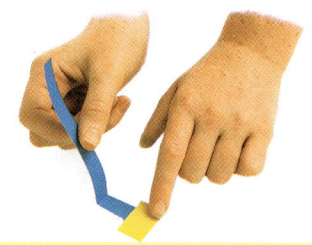

Lawinenschutz

Schall wird genutzt, um Lawinen auszulösen. Man sorgt so dafür, daß sich an gefährdeten Stellen gar nicht erst Schneemassen ansammeln. Mit „Schallkanonen" wird der Schnee in Vibrationen versetzt, bis er rutscht.

7 Halte die Röhre so, daß das Loch auf den Papierstreifen weist. Klopfe auf die Folie: Der Papierstreifen biegt sich um!

Das Klopfen erzeugt Schallwellen, die durch die Röhre wandern.

Die Schallwellen sind Luftschwingungen, sie drücken gegen den Streifen.

Das Loch richtet die Schallwellen genau auf den Streifen.

66 Sprechverbindung

Schallwellen können sich nicht nur durch die Luft ausbreiten, sondern auch durch andere Materialien. Du kannst dir ein Telefon bauen, um mit deinen Freunden zu sprechen.

Du brauchst

Klebeband

zwei Gummiringe

zwei Büroklammern

Schnur

Pauspapier

Bleistift

zwei Pappröhren

1 Stülpe einen Bogen Pauspapier jeweils über eine Öffnung jeder Röhre.

2 Spanne das Papier straff, und klebe es an der Röhre fest.

3 Stich mitten in jede Papierfläche ein kleines Loch.

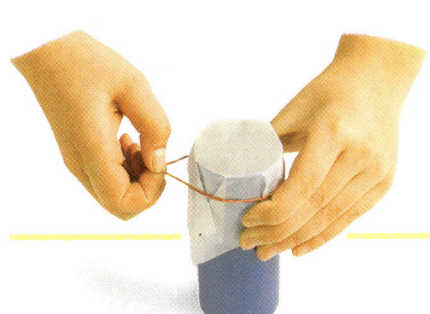

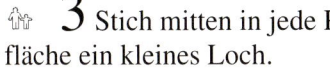

Die Schnur versetzt das Papier in Schwingungen. Dadurch wird die Stimme des Anrufers übertragen.

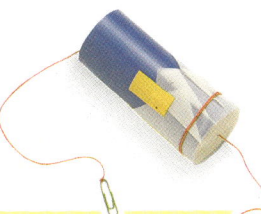

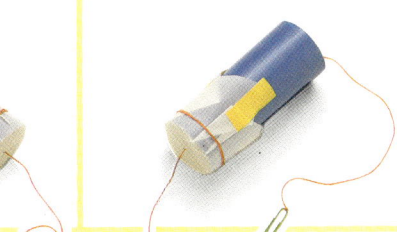

4 Fädele die Schnur durch die Löcher. Befestige an den Schnurenden je eine Büroklammer, damit die Schnur nicht wieder herausrutscht.

Schallwellen aus dem Mund versetzen das Papier und die Schnur in Schwingungen.

Die Schwingungen pflanzen sich durch die Schnur fort.

5 Du kannst die Röhren als Telefon benutzen und mit Freunden sprechen. Wichtig ist, daß die Schnur immer straff gespannt ist!

Töne im Kopf

Schlage eine Stimmgabel an einer Tischkante an, und halte ihr unteres Ende an deinen Kopf. Du wirst den Ton nun sehr viel lauter hören! Die Knochen in deinem Kopf leiten den Schall besser, als Luft dies kann.

67 Schall zurückwerfen

Manchmal hörst du Töne, die nicht auf direktem Weg zu dir gekommen sind. Sie sind erst auf einen anderen Gegenstand gestoßen und wurden von diesem reflektiert.

Du brauchst

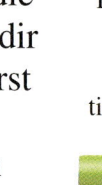
tickende Armbanduhr

zwei Pappröhren

Teller

Korkuntersetzer

mehrere Bücher

1 Schichte zwei gleich hohe Bücherstapel auf.

2 Lege auf jeden Stapel eine Röhre.

3 Halte die Armbanduhr dicht an ein Ohr, und prüfe, ob sie tickt.

4 Lege die Uhr in eine der Röhren hinein.

5 Horche am Ende der anderen Röhre. Du hörst kein Ticken, so lange, bis ein Freund einen Teller dicht an die hinteren Röhrenenden hält!

Schallwellen wandern durch die Röhre zum Teller.

Die Schallwellen werden von der harten Oberfläche des Tellers zurückgeworfen und wandern durch die zweite Röhre bis zu deinem Ohr.

Gute Akustik
Konzertsäle werden so gebaut, daß die von der Bühne kommenden Schallwellen an den Wänden des Saales zum Publikum hin reflektiert werden.

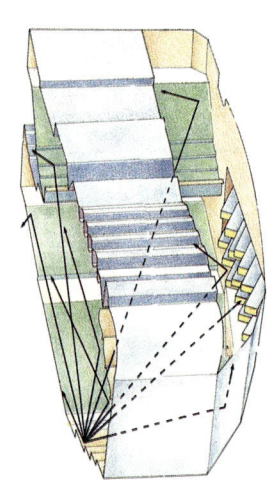

6 Dein Freund soll anstelle des Tellers einen Korkuntersetzer hinter die Röhren halten. Jetzt wirst du die Uhr nicht mehr hören.

Der weiche Kork wirft die Schallwellen nicht zurück.

68 Ein Knallhütchen

Nur mit einem Stück Papier kannst du einen lauten Knall verursachen! Du erzeugst eine sehr schnelle und starke Luftbewegung, die eine kräftige Schallwelle bildet. Diese breitet sich durch die Luft aus, und du nimmst sie als lauten Knall wahr.

Du brauchst

ein Blatt festes Papier, etwa 40 x 30 cm groß

1 Falte das Papier in Längsrichtung einmal zusammen. Klappe es dann wieder auf.

hier falten

2 Schlage die Ecken bis zur ersten Falte um.

erste Falte

3 Klappe das Papier entlang der ersten Falte zusammen. Falte es nun einmal quer dazu, Ecke auf Ecke.

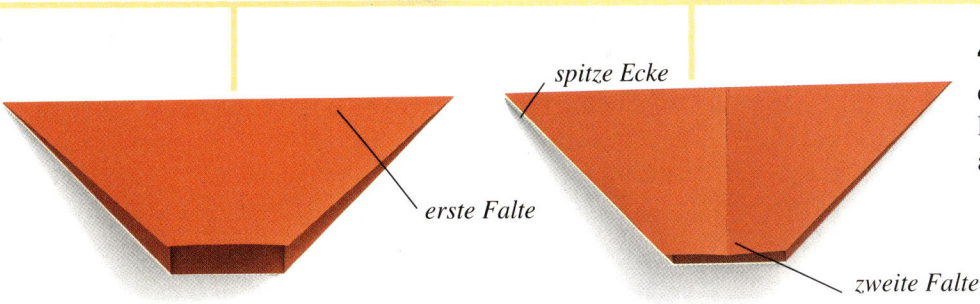

spitze Ecke

erste Falte

4 Klappe die zweite Falte wieder auf.

zweite Falte

Blitz und Donner
Ein Blitz heizt die Luft schlagartig auf, so daß sie sich rasend schnell ausdehnt. Diese Luftwelle hören wir als kräftigen Donnerschlag.

5 Klappe die beiden spitzen Ecken nach unten.

6 Klappe das Papier entlang der zweiten Falte halb um, so daß ein Dreieck entsteht.

☝☝ **7** Nimm die beiden spitzen Ecken fest zwischen Daumen und Zeigefinger, hole aus, und schlage kräftig nach unten: Es gibt einen lauten Knall!

Bei der Aktion springt ein Teil des eingefalteten Papiers nach vorn und erzeugt eine starke Luftwelle, die du als Knall hörst.

69 Schlage die Trommel

Mit einfachen Mitteln kannst du eine Blechtrommel und Bongotrommel bauen. Sie erzeugen verschiedene Töne, aber funktionieren auf gleiche Weise. Wenn du auf das Trommelfell schlägst, vibriert es. Die Schwingungen werden auf die Luft in der Trommel übertragen, es entsteht ein Ton.

Du brauchst

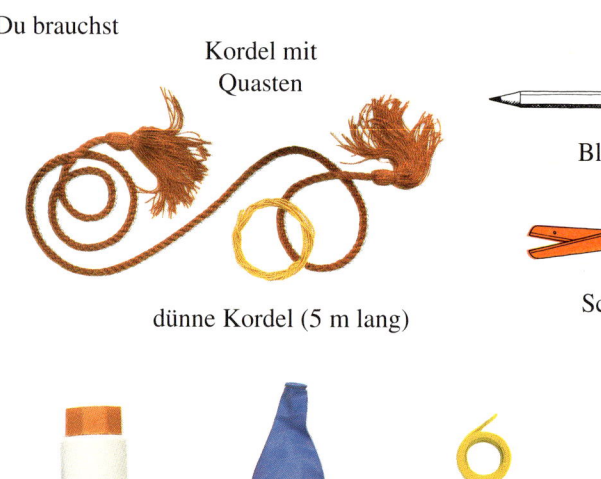

Kordel mit Quasten

dünne Kordel (5 m lang)

Bleistift

Schere

buntes Papier

weißen Musselin (Baumwollstoff)

runde Keksdose

Klebstoff auf Gummibasis

großen Luftballon

buntes Klebeband

zwei Plastik-blumentöpfe

---

1 Klebe buntes Papier auf die Keks-dose. Befestige die Kordel an den ge-genüberliegenden Seiten der Dose.

2 Schneide den Hals des Luft-ballons ab. Spanne ihn über die Dose, und klebe ihn fest. Fertig!

3 Nun zeichne auf dem Stoff zwei Kreise. Ziehe dann um jeden Kreis nochmals zwei größere Kreise.

---

4 Beklebe die Töpfe mit buntem Papier. Dann klebe die Topfböden fest zusammen.

5 Schneide aus dem Stoff die großen Kreise aus. Schneide ringsum Schlitze bis zum mittleren Kreis.

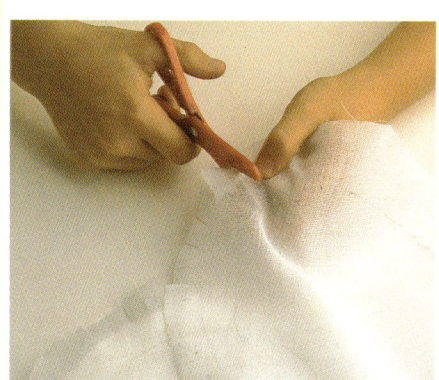

6 Falte die geschlitzten Teile um, und klebe sie fest. Stich mit dem Bleistift 16 Löcher in den Rand.

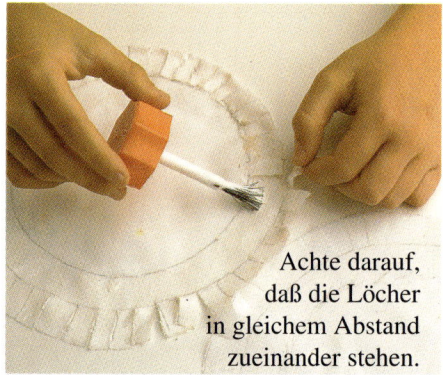

Achte darauf, daß die Löcher in gleichem Abstand zueinander stehen.

7 Fädele die dünne Kordel durch die Löcher. Lege einen Stoffkreis auf jeden Topf. Verknote die Kordel fest.

8 Den Rest der Kordel schlingst du im Zickzack abwechselnd um die Kordel der beiden Stoffkreise.

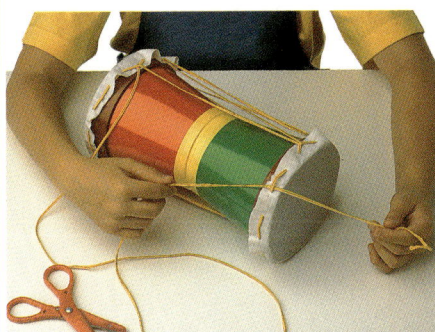

9 Streiche Klebstoff auf jeden Stoffkreis, und ziehe alle Kordeln noch mal richtig fest.

Das Klebeband am Rand hält die Ballonhaut straff gespannt.

Wird die Kordel fester gezurrt, dann wird der Stoff stärker gespannt. Dies gibt einen höheren Ton.

Quadrate aus buntem Papier und Klebebandstreifen.

Schlag nicht zu stark auf die Trommelfelle. Sie könnten reißen.

Schlagzeug

Dies ist die übliche Ausrüstung eines Schlagzeugers. Sie umfaßt mehrere Trommeln verschiedener Größe, einschließlich einer großen Trommel, die mit einem Fußpedal betätigt wird. Auch mehrere Becken gehören dazu.

10 Die Blechtrommel kannst du dir mit der Kordel um den Hals hängen. Zum Spielen der Trommel nimmst du am besten einen Bleistift. Die Bongotrommel hält man unter einem Arm oder zwischen den Knien fest. Sie wird mit den Fingern gespielt.

70 Spiel eine Melodie

Bau dir dein eigenes Xylophon. Das richtige Instrument besteht aus Holzstäben, die Töne erzeugen, wenn man darauf schlägt. Dein Xylophon entsteht aus Bleistiften.

Du brauchst

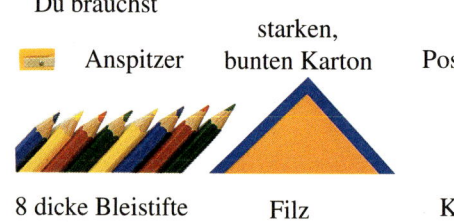

Anspitzer

starken, bunten Karton

8 dicke Bleistifte

Filz

Posterfarbe

Kleber auf Gummibasis

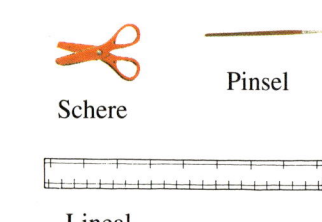

Schere

Pinsel

Lineal

1 Schneide den Karton nach den abgebildeten Mustern zu. Male ihn bunt an. Klebe Filz in die Rillen.

2 Nimm den Anspitzer, und mache die Bleistifte kürzer. Lege sie auf den Ständer.

3 Zum Spielen klebst du Perlen an Mikadostäbchen.

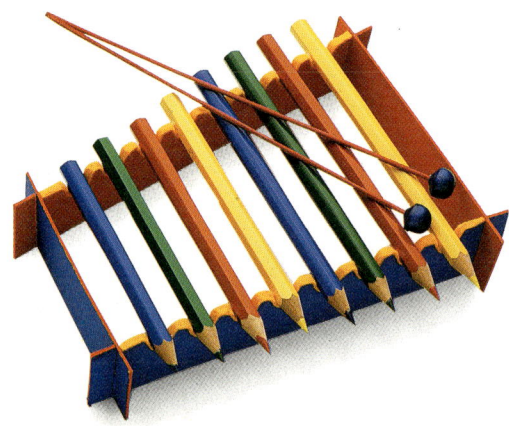

Die Längsseiten der Ständer sollen 21 cm lang sein und gekerbt wie auf dieser Abbildung.

Die längere Querseite des Ständers soll so aussehen wie hier und 15 cm lang sein.

Diese Muster sind kleiner als die Teile, die du brauchst. Richte dich nach den Größenangaben.

Die kürzere Querseite des Ständers soll 11 cm lang sein.

71 Flöte spielen

Mit mehreren Pfeifen kann man Musik machen. Man muß nur hineinpusten. Dadurch wird die Luft in Schwingung versetzt, was einen Ton ergibt. Die Tonhöhen entstehen durch die verschiedenen Pfeifenlängen.

Du brauchst

Karton   Kleber

Schere

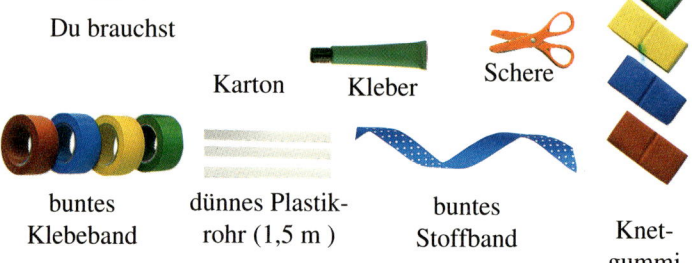

buntes Klebeband

dünnes Plastikrohr (1,5 m)

buntes Stoffband

Knetgummi

1 Schneide das Plastikrohr in Stücke, das folgende immer 1 cm länger als das vorige.

2 Klebe die Pfeifen der Größe nach zusammen. Klebe das Stoffband auf einen Kartonstreifen, dann klebe es quer über die Pfeifen.

3 Forme aus dem Knetgummi kleine Kugeln. Stopfe je eine Kugel in die untere Pfeifenöffnung.

Kürzere Pfeifen ergeben höhere Töne.

4 Halte die Pfeifenreihe an deine Unterlippe, und blase hinein. Jede erzeugt einen anderen Ton. Versuche, eine Melodie zu spielen.

Längere Pfeifen erzeugen tiefere Töne.

72 Horn spielen

Aus einem Wasserschlauch und einem Trichter kannst du ein Horn bauen! Wenn du die Lippen fest zusammendrückst und kräftig in das Horn bläst, wird die Luft darin in Schwingungen versetzt, die einen Ton erzeugen.

Du brauchst

Trichter

Schere

buntes Klebeband

Kordel mit Quasten

Wasserschlauch (75 cm)

Bleistift

1 Verziere den Trichter mit Klebeband. Schiebe ihn dann in eine Schlauchöffnung hinein.

2 Lege eine Schlaufe, und packe den Bleistift zur Stabilisierung in die Schlaufe. Umwickele das Ganze.

3 Verziere das Horn mit Klebeband und mit der Kordel. Jetzt kannst du darauf spielen.

Blase kräftig in das Mundstück.

Auf einem Horn kann man nur wenige Töne spielen. Du erzeugst sie, indem du die Lippen fester zusammenpreßt oder sie mehr entspannst.

73 Baue dir ein Banjo

Ein Banjo hat vier straff gespannte Saiten. Es wird gespielt, indem man mit den Fingern die Saiten zupft. Die Saiten vibrieren dann sehr schnell und erzeugen dadurch Töne. Man kann die Saiten alle zugleich oder einzeln zupfen. Jede Saite kann verschieden hohe Töne erzeugen.

Du brauchst

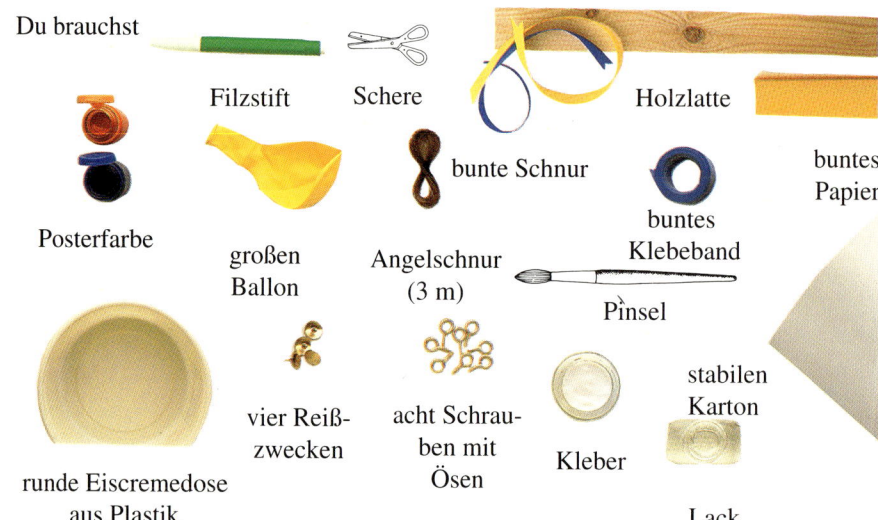

Filzstift
Schere
Holzlatte
bunte Schnur
buntes Papier
Posterfarbe
großen Ballon
Angelschnur (3 m)
buntes Klebeband
Pinsel
vier Reißzwecken
acht Schrauben mit Ösen
Kleber
stabilen Karton
Lack
runde Eiscremedose aus Plastik

1 Schneide an gegenüberliegenden Stellen zwei Schlitze unter den Rand der Dose. Die Holzlatte muß hindurchpassen.

2 Klappe die Ränder der Schlitze um, und schiebe die Holzlatte hindurch. Befestige die Schlitzränder mit den Reißzwecken auf dem Holz.

3 Male das Holz und die Dose an, und lackiere sie. In die Farbe für die Dose mußt du Kleber mischen. Male Querlinien auf das Holz.

4 Schneide den Hals des Luftballons ab. Spanne den Ballon über die Öffnung. Klebe ihn an den Seiten fest, und male ein Muster.

5 Schraube jeweils vier Ösenschrauben nebeneinander in die Enden der Holzlatte. Die Schrauben müssen in beide Richtungen drehbar sein.

6 Fertige aus Karton und Buntpapier zwei Stege mit dreieckigem Querschnitt an. Einen so breit wie die Latte, den anderen dreimal so lang.

7 Schneide von der Angelschnur vier gleich lange Saiten ab. Verknote die Saiten oben und unten an den Ösenschrauben.

8 Schiebe die beiden Stege unter die Saiten, so wie auf dem Bild dargestellt. Spanne die Saiten, indem du an den Ösenschrauben drehst.

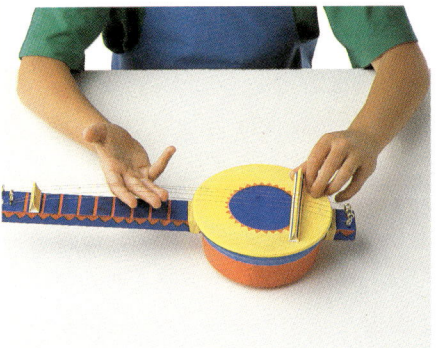

Die roten Linien zeigen, wo du beim Spielen auf die Saiten drücken sollst. Je näher an der Dose,desto höher der Ton.

9 Verziere das Banjo mit ein paar bunten Bändern, die du an den Ösenschrauben verknotest. Das Banjo ist nun einsatzbereit!

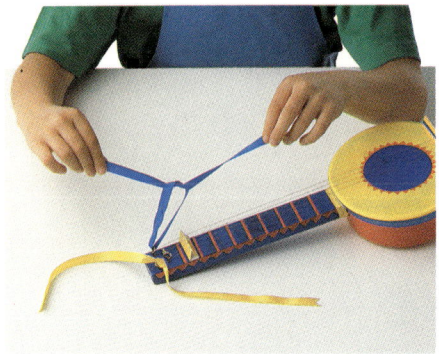

Wird die Saite straffer gespannt, erzeugt sie einen höheren Ton. Wenn die Saite gelockert wird, wird der Ton tiefer.

Die Stege faltest du aus Karton, den du dann zusammenklebst. Schneide vier Kerben in jeden Steg. Durch sie laufen die Saiten.

Die Stege heben die Saiten vom Holz ab, so daß sie frei schwingen können.

10 Durch Spannen der Saiten wird das Banjo gestimmt, so daß jede Saite einen anderen Ton erzeugt.

Flinke Finger

Eine Gitarre ist ganz ähnlich wie ein Banjo, außer daß sie sechs Saiten hat. Wenn man bei einer Gitarre oder bei einem Banjo auf eine Saite drückt, dann verkürzt man den Teil, der frei schwingen kann. Dadurch entsteht beim Zupfen ein anderer Ton.

Magneten

Magneten haben geheimnisvolle Kräfte. Sie können Gegenstände anziehen und andere Magneten abstoßen. Diese Kräfte treiben Elektromotoren an, die in vielen technischen Geräten, wie z. B. Haartrocknern oder Elektroloks, stecken. Mit Magneten werden in Fernsehgeräten, Radios und Kassettenrecordern Töne erzeugt. Computer verwenden Magneten, um Informationen zu speichern.

Nordlicht
Die Erde ist ein riesiger Magnet. Polarlichter entstehen, wenn winzige Teilchen aus dem Weltall in das Magnetfeld der Erde geraten.

Magnetisches Mineral
Die ersten bekannten Magneten waren Stücke eines schwarzen Minerals, des „Magneteisensteins". Er zieht Gegenstände wie diese Büroklammer an.

Aufheben und festhalten
Magneten ziehen alle Gegenstände aus Eisen oder Stahl an. Sie heften sich an eine bestimmte Seite des Magneten.

Norden, Süden, Osten, Westen
Ein Kompaß dient dazu, die Himmelsrichtungen zu bestimmen. Das Magnetfeld der Erde richtet eine Kompaßnadel immer nach Norden aus.

Musik mit Magneten
Tonbänder sind mit winzig kleinen Magneten beschichtet. Im Kassettenrecorder und im Kopfhörer sind ebenfalls Magneten eingebaut.

Heimflug
Tauben finden stets zu ihrem Heimatschlag zurück. Es gibt Hinweise darauf, daß sie das Magnetfeld der Erde zur Orientierung benutzen.

74 Schwebende Gegenstände

Mit der erstaunlichen Wirkung eines Magneten wirst du zum Schlangenbeschwörer und kannst einen Drachen aufsteigen lassen!

Du brauchst

Klebeband

Nähgarn

kleine Gegenstände, Büroklammern, Bleistift

mehrere **Magneten**

Schere

Kleber

Lineal

bunten Filz

Schnittmuster für die Schlange

1 Übertrage das Schlangenmuster auf Filz. Schneide die Schlange aus, und verziere sie.

2 Binde ein Stück Nähgarn an eine Büroklammer. Befestige die Büroklammer am Kopf der Schlange.

3 Klebe das lose Ende des Nähgarns auf dem Tisch fest. Klebe einen Magneten an das Ende des Lineals.

Der Magnet zieht die Büroklammer an. Hebe ihn an, und der Faden wird straff.

4 Bewege das Lineal mit dem Magneten daran über der Schlange hin und her. Sie streckt sich hoch und tanzt wie bei einem Schlangenbeschwörer. Falls die Schlange sich nicht rühren sollte, verwende einen stärkeren Magneten. Du kannst auch andere Dinge aufsteigen lassen, z. B. diesen bunten Drachen.

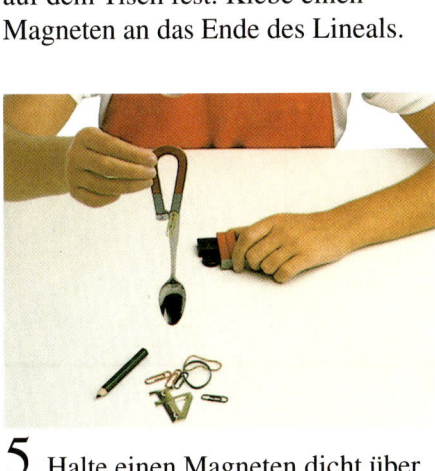

5 Halte einen Magneten dicht über die Gegenstände. Er zieht nur diejenigen aus Eisen oder Stahl an.

75 Magnetische Bootsfahrt

Die Magnetkraft geht durch Glas, Plastik, Wasser und Luft. Du kannst sie nutzen, um Boote durchs Wasser zu ziehen. Der Magnet muß dabei aber nah an das Boot herankommen. Bewege den Magneten langsam, sonst gelingt der Versuch nicht.

Du brauchst

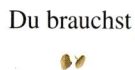 zwei Metallreißzwecken

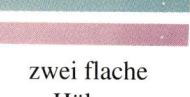 zwei flache Hölzer

 zwei Boote (aus Kork)

zwei Stecknadeln

 Klebeband

 zwei dicke Bücher

Kanne Wasser

zwei Stabmagneten

 Papier

Schere

flache Schüssel aus Glas oder Plastik

1 Drücke je eine Reißzwecke in die Korkboote.

2 Schneide zwei Papiersegel zurecht. Dreh die Boote um, und befestige mit einer Nadel je ein Segel.

3 Lege die Bücher mit etwas Abstand nebeneinander. Stell die Schüssel mit dem Wasser auf die Bücher.

Die Reißzwecken sind unter, die Segel auf den Booten.

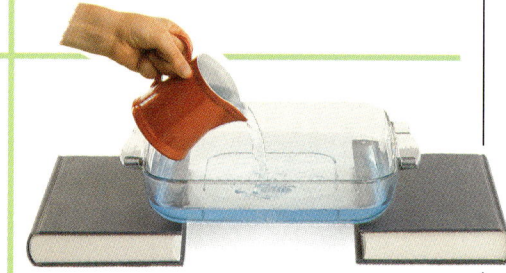

4 Klebe auf jedes Holz einen Magneten. Halte die Magneten unter die Schüssel, und bewege damit die Boote.

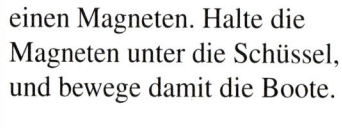

Die Magnetkraft reicht durch die Schüssel und das Wasser und zieht die Reißzwecke an.

Unterwassermagneten

Dieser Taucher kontrolliert gerade unter Wasser eine Bohrinsel. Die gelben Kabel, die er prüft, werden durch Magneten festgehalten. Die Magneten haften auch tief unter Wasser an dem Stahl der Bohrinsel.

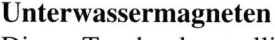

5 Halte ein Holz mit einem Magneten unter die Schüssel. Ein Freund soll das gleiche tun. Nun könnt ihr eine Wettfahrt veranstalten.

76 Auto mit Magnetantrieb

Mit zwei Magneten kann man ein Modellauto vorwärts und rückwärts fahren lassen. Das ist möglich, weil die Magneten sich entweder anziehen oder abstoßen, wenn man sie nahe zusammenbringt. Anziehung und Abstoßung hängen davon ab, welche Magnetenden einander zugewandt sind.

Du brauchst

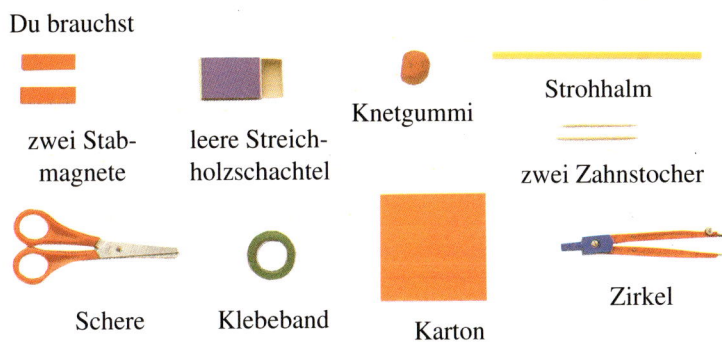

zwei Stab-magnete

leere Streich-holzschachtel

Knetgummi

Strohhalm

zwei Zahnstocher

Schere

Klebeband

Karton

Zirkel

1 Klebe einen Magneten in der Schublade der Streichholzschachtel fest.

2 Schneide zwei Strohhalmstücke in der Länge der Schachtelbreite zu.

3 Klebe die Strohhalme auf die Hülle der Streichholzschachtel. Schiebe die Schublade hinein.

4 Zeichne mit dem Zirkel vier gleich große Kreise auf den Karton. Schneide sie sorgfältig aus.

5 Schiebe die Zahnstocher durch die Strohhalme. Stecke die Enden durch die Kartonscheiben.

Überdecke die spitzen Enden mit Knetmasse.

Der Magnet im Wagen wird von dem Magneten in deiner Hand entweder angezogen oder abgestoßen.

Dreh den Magneten um: Der Wagen bewegt sich in die andere Richtung!

6 Stell den Wagen auf einen Tisch. Halte den zweiten Magneten dicht an den Wagen. Der Wagen rollt auf den Magneten in deiner Hand zu, oder er rollt von ihm weg.

77 Ein Magnetfeld orten

Jeder Magnet ist von einem unsichtbaren „Magnetfeld" umgeben. Das ist der Bereich, in dem die Kräfte des Magneten wirken. Mit einem Trick wird das Magnetfeld sichtbar.

Du brauchst

drei Glas- oder Plastikbehälter

hellen Sirup

Bleistift

Schnur

Stabmagneten und Hufeisenmagneten

Eisen-späne

Lebensmittel-folie

1 Schütte Eisenspäne in ein Glas mit Sirup. Rühre gut um, damit die Späne sich verteilen. Gieße dann etwas von der Mischung in zwei durchsichtige Behälter.

2 Stelle einen der Behälter auf zwei Stabmagneten. Die sich abstoßenden Enden müssen zueinander weisen. Lege die Hufeisenmagneten neben den zweiten Behälter.

3 Fülle den dritten Behälter mit der Mischung. Wickele einen Stabmagneten in die Folie, und binde ihn mit der Schnur an einen Bleistift. Hänge den Magneten in den Behälter.

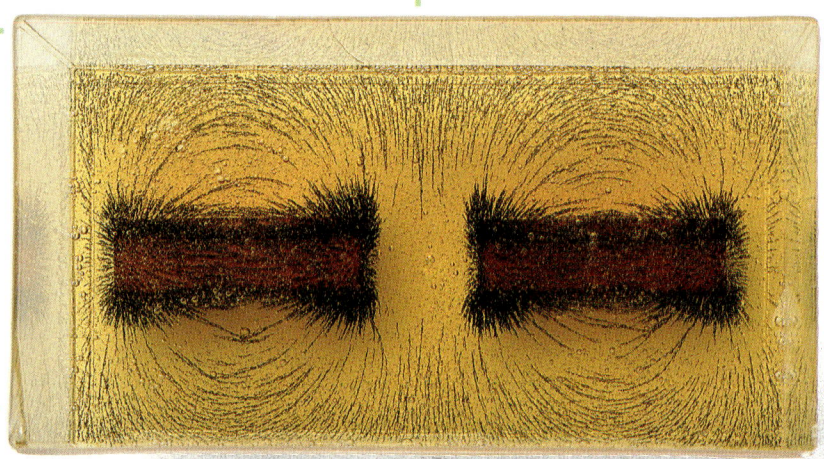

Was siehst du?
Die Eisenspäne ordnen sich im Magnetfeld zu einem Muster an, das die Wirkungskräfte des Magnetfeldes sichtbar macht.

Das Muster der Eisenspäne zeigt, daß die beiden Magnetfelder in entgegengesetzte Richtungen wirken: Die beiden Stabmagneten stoßen sich in dieser Position ab.

Beide Hufeisenmagneten ziehen Eisenspäne an. Das Muster zeigt, wie die Magnetfelder sich bogenförmig von einem Ende des Magneten zum anderen erstrecken.

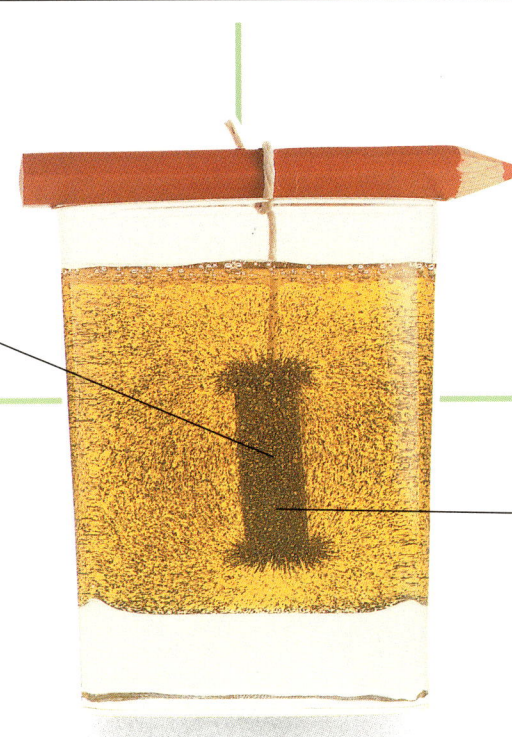

Ein Magnetfeld erstreckt sich in alle Richtungen. An dem Magneten, der im Sirup hängt, ist dies deutlich erkennbar. Das Muster sieht von allen Seiten gleich aus.

In der Folie wird der Magnet nicht klebrig vom Sirup.

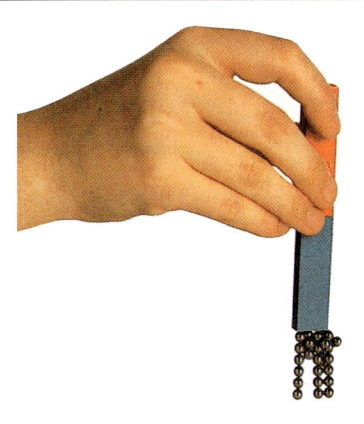

Magnetische Anziehung
Ein Magnet kann eine ganze Reihe kleiner Metallgegenstände anziehen. Das Magnetfeld macht aus jedem der Gegenstände einen kleinen Magneten, der den nächsten Gegenstand anzieht.

78 Vermischtes trennen

Normalerweise ist es unmöglich, zwei Pulver, die vermischt wurden, wieder zu trennen. Wenn aber eines der Pulver magnetisch ist und das andere nicht, geht es leicht.

Du brauchst

Teller mit Eisenspänen

Magnet

Teller mit Sand

1 Vermische die Eisenspäne mit dem Sand.

2 Rühre so lange, bis die Späne und der Sand gleichmäßig vermischt sind.

3 Halte einen Magneten an den Teller. Er wird die Eisenspäne herausziehen und den Sand zurücklassen.

79 Einen Kompaß bauen

Die Erde ist ein riesiger Magnet mit einem Magnetfeld. Das Feld ist stark genug, einen frei beweglichen Magneten zu drehen. Es richtet ihn auf den Nordpol aus.

Du brauchst

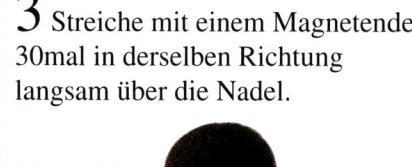

Messer

Kanne Wasser

Zahnstocher

Klebeband

Nadel

Styroporplatte

Stabmagnet

Knetgummi

Zirkel

Plastiktopf

1 Zeichne mit dem Zirkel einen Kreis auf die Styroporplatte; schneide ihn aus, und male ihn an.

Die Styroporscheibe muß in den Topf passen.

2 Drücke einen Kneteklumpen in die Mitte des Plastiktopfs. Stecke den Zahnstocher in die Knetmasse.

3 Streiche mit einem Magnetende 30mal in derselben Richtung langsam über die Nadel.

Die Nadel wird magnetisiert.

4 Klebe die Nadel auf das Styropor. Fülle den Topf mit Wasser. Lege die Scheibe auf die aus dem Wasser ragende Zahnstocherspitze.

Südpol des Erd-magnetfeldes

Nordpol

Ein Ende der magnetisierten Nadel ist ein Nordpol geworden. Der Südpol des Erd-magnetfeldes zieht den Nordpol der Nadel an.

Südpol

Die Richtung finden

Eine Kompaßnadel ist ein Magnet, der auf einem Drehzapfen sitzt. Wenn du den Kompaß drehst, zeigt die Nadel trotzdem immer nach Norden. Die Nordrichtung findest du, wenn du entlang der Nadel blickst und das „N" exakt unter der roten Nadelspitze liegt.

5 Die Scheibe schwimmt auf dem Wasser und dreht sich um die Zahn-stocherspitze. Ein Ende der Nadel weist nach Norden. Vergleiche dies mit einem Kompaß, und markiere das Nordende.

80 Ein Elektromagnet

Elektrizität kann Metallgegenstände magnetisieren. Deren Magnetfelder sind aber nicht ständig vorhanden, sondern nur solange Strom fließt.

Du brauchst

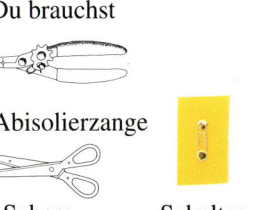

langen Schraubenzieher

Abisolierzange

Schere

Schalter
(Anleitung 87)

Batterie mit 4,5 V

viele Büroklammern

Klebeband

2 m Klingeldraht

1 Entferne an den Enden des Drahtes die Isolierung. Klebe ihn am Griff des Schraubenziehers fest.

2 Wickle den Draht um den Schraubenzieher. Klebe die letzte Umwicklung fest.

3 Verbinde den Draht und ein weiteres kleines Drahtstück mit der Batterie und dem Schalter (vgl. Bild).

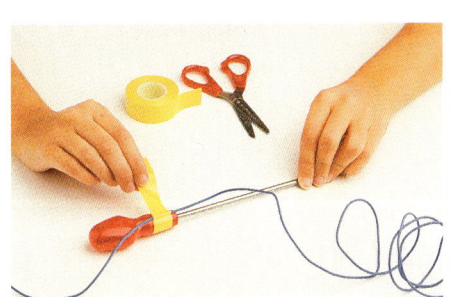

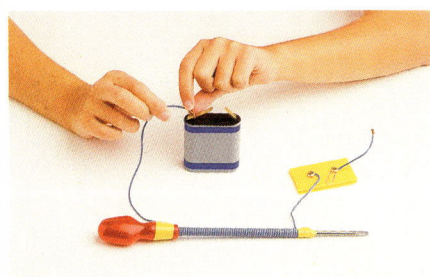

4 Der Schraubenzieher ist nun ein Elektromagnet. Drücke auf den Schalter, und der Schraubenzieher zieht Büroklammern an! Laß den Schalter los: Die Büroklammern fallen herab.

Verbinde den kurzen Draht mit dem anderen Pol.

Elektromagnet mit 60 Windungen

Elektromagnet mit 40 Windungen

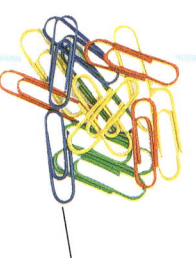

Die Klammern sind aus Stahl, der vom Elektromagneten angezogen wird.

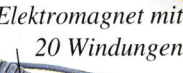

Elektromagnet mit 20 Windungen

Sobald Strom durch den Draht fließt, entsteht ein Magnetfeld. Je mehr Wicklungen der Draht hat, desto stärker ist das Feld.

Starke Anziehung

Dieser Kran hat einen sehr starken Elektromagneten, der große Eisen- und Stahlteile anziehen und transportieren kann. Der Schrott haftet am Elektromagneten, solange dieser eingeschaltet ist. Wenn der Strom ausgeschaltet wird, fällt der Schrott herab.

81 Ein Summer

Ein Summer erzeugt durch Magnetismus einen lauten Summton. Im Summer ist ein Elektromagnet. Der Auslöseknopf ist ein elektrischer Schalter. Bei Betätigung des Schalters fließt Strom durch den Elektromagneten im Summer. Dieser löst Bewegungen im Summer aus, die das Geräusch hervorrufen.

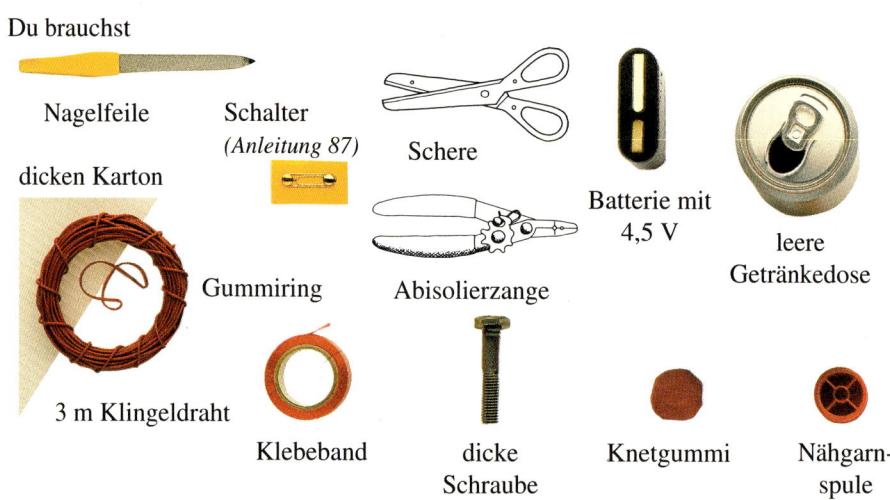

Du brauchst

Nagelfeile

dicken Karton

Schalter *(Anleitung 87)*

Schere

Batterie mit 4,5 V

leere Getränkedose

3 m Klingeldraht

Gummiring

Abisolierzange

Klebeband

dicke Schraube

Knetgummi

Nähgarnspule

---

1 Entferne die Isolierung von den Drahtenden. Wickle den Draht ca. 200mal um die Schraube. Befestige die Schraube mit Knetmasse auf dem Karton.

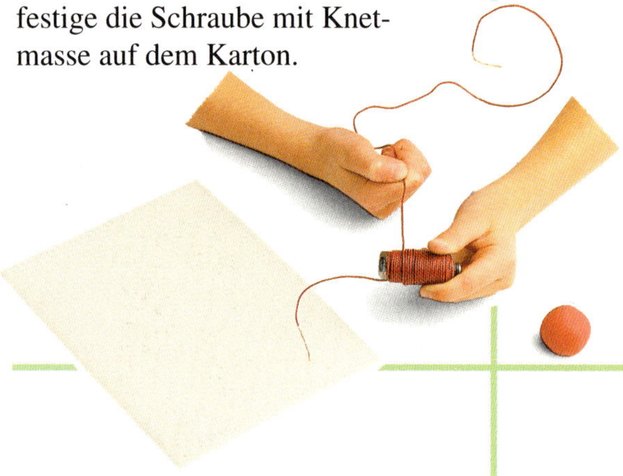

2 Klemme mit dem Gummiring den Griff der Feile auf die Nähgarnspule.

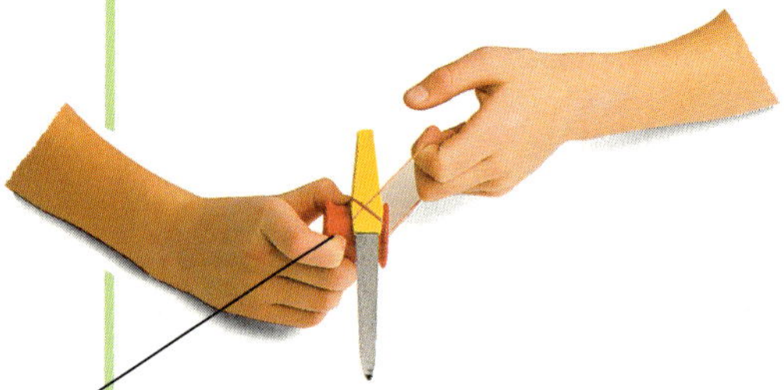

Halte die Spule fest, und tippe die Feile an. Sie sollte vibrieren.

3 Kratze mit der Schere Lack von der Dose ab. Wiederhole dies auf der anderen Seite der Dose.

4 Klebe ein Drahtende auf das Metall der Feile. Befestige die Spule mit der Knetmasse auf dem Karton.

Der Lack wird abgekratzt, weil er isolierend wirkt und verhindern würde, daß Strom den Elektromagneten erreicht.

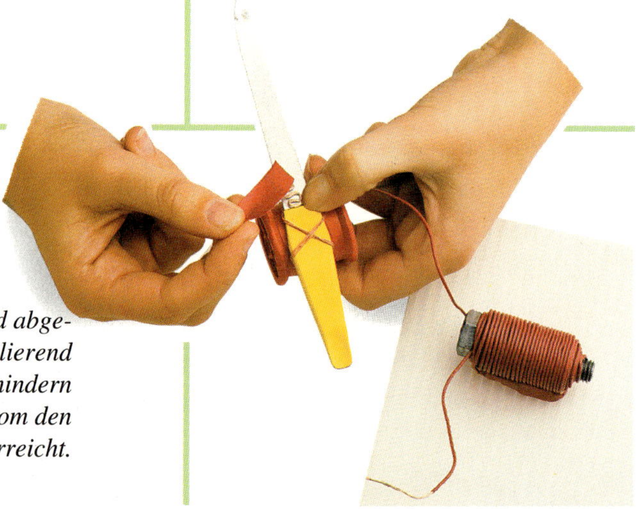

5 Schneide zwei Drähte ab, und entferne die Isolierung an den Enden. Ein Draht verbindet Batterie und Dose, der andere Batterie und Schalter.

Der Draht wird dort befestigt, wo der Lack abgekratzt ist.

6 Klebe die Dose auf den Karton. Setze die Feilenspitze an die andere abgekratzte Stelle der Dose. Verbinde den Schalter wie auf dem Bild dargestellt.

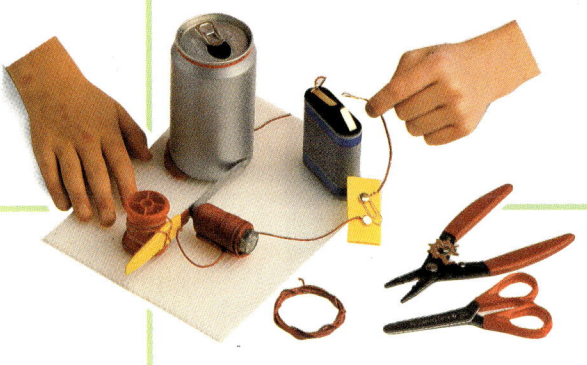

Wenn die Feile die Dose berührt, fließt Strom durch den Elektromagneten, die umwickelte Schraube. Sie wird magnetisiert und zieht die Feile von der Dose weg. Dadurch ist der Stromkreis unterbrochen: Der Elektromagnet wirkt nicht mehr. Die Nagelfeile federt zurück an die Dose: Der Stromkreis ist wieder geschlossen, der Magnet arbeitet wieder.

Die umwickelte Schraube muß dicht an die Feile geschoben werden, damit der Summer funktioniert.

Die mit Draht umwickelte Schraube wirkt bei Stromfluß als Elektromagnet.

Von der Batterie fließt Strom durch die Dose in die Nagelfeile, von dort durch den Elektromagneten und den Schalter zurück in die Batterie.

7 Wenn du den Schalter schließt, ertönt ein lautes Summen! Die Feile vibriert schnell hin und her und tippt jedesmal an die Dose. Wenn du den Schalter öffnest, steht die Feile still, und es summt nicht mehr.

Magnet und Stimme
Telefone funktionieren ähnlich wie dein Summer. Im Hörer ist ein kleiner Elektromagnet. Wenn er von Strom durchflossen wird, bringt er ein Metallplättchen zum Vibrieren. Dessen Schwingungen erzeugen die Töne, die die Stimme des Anrufers wiedergeben.

84 Elektrische Hüpfmännchen

Mit der statischen Aufladung eines Luftballons kann man Papierfiguren springen lassen! Wie ein Magnet kann statische Ladung anziehen oder abstoßen. Die Figuren springen zum Ballon und dann wieder von ihm weg!

Du brauchst

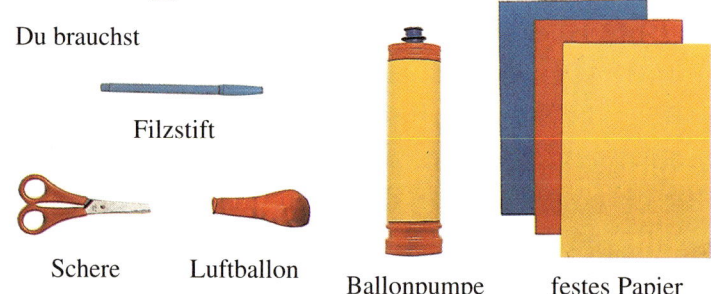

Filzstift

Schere   Luftballon   Ballonpumpe   festes Papier

1 Zeichne kleine Männchen auf das Papier.

2 Schneide so viele aus, wie du möchtest.

3 Lege alle Männchen auf einen Tisch.

4 Pumpe oder blase den Ballon auf, bis er ganz groß ist, und schließe ihn mit einem Knoten.

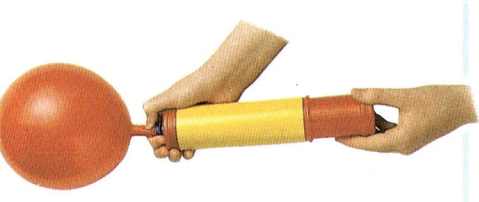

5 Reibe den Ballon an wollener Kleidung.

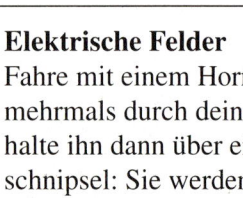

Elektrische Felder

Fahre mit einem Hornkamm mehrmals durch deine Haare, und halte ihn dann über einige Papierschnipsel: Sie werden angezogen! Wenn ein Gegenstand mit statischer Elektrizität aufgeladen wird, baut sich um ihn herum ein elektrisches Feld auf. Das Feld des Kammes zieht die Papierschnipsel an. Aus demselben Grund läßt ein aufgeladener Kamm deine Haare zu Berge stehen!

6 Halte den Ballon etwa 10 cm über die Männchen. Sie springen an den Ballon und fallen wieder herab!

Zuerst zieht die elektrische Aufladung die Papierfiguren an.

Nachdem die Figuren den Ballon berührt haben, werden sie zurückgestoßen.

Dann springen die Figuren immer wieder auf und ab, im Wechsel von Anziehung und Abstoßung.

85 Schwinge den Zauberstab

Mit statischer Elektrizität kannst du zaubern! Wenn du deinen Zauberstab schwingst, tanzen kleine silberne Bälle auf einer Schallplatte!

Du brauchst

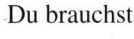

spitzen Bleistift

Glas- oder Plastikschale

Zucker-perlen

Schallplatte

sauberes Stofftaschentuch

1 Reibe mit dem Taschentuch kräftig über die Schall-platte. Sie wird dadurch elek-trisch aufgeladen.

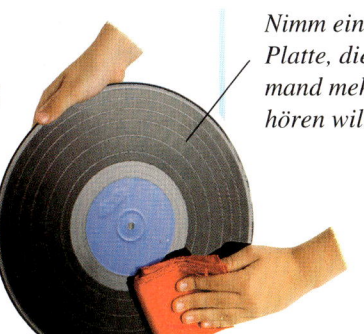

Nimm eine alte Platte, die niemand mehr hören will.

2 Lege die Platte auf die Schale. Halte die Zucker-perlen bereit.

Blitzschutz

Hohe Gebäude haben einen Blitzableiter, einen Metallstab, der von der Gebäudespitze bis zur Erde reicht. Er kann die statische Elektrizität in der Luft verringern, was hilft, die Entstehung von Blitzen zu vermeiden. Falls doch ein Blitz einschlägt, wird er durch den Blitzableiter in die Erde geleitet.

An einigen Stellen der Platte ist die statische Aufladung höher. Hier werden die Perlen am stärksten angezogen.

3 Laß ein paar Zuckerperlen auf die Platte fallen. Sie rollen umher und bleiben plötzlich liegen.

Blitzableiter

Die Perlen rollen zu den Stellen mit der stärksten elektrischen Aufladung.

4 Bringe die Bleistiftspitze dicht an eine Perle: Sie springt weg und wirbelt herum!

Die statische Elektrizität wird in der Nähe der Bleistiftspitze verringert.

86 Ein Ladungsprüfer

Wenn man einen Plastikkamm reibt, wird er aufgeladen. Ob eine statische Ladung vorliegt und wie diese Ladung wandert, kann man mit einfachen Mitteln prüfen.

Du brauchst

langen Nagel   Schere   Filzstift   Aluminiumfolie

Kartonscheibe   Nähgarn   Plastikkamm   Klebeband   hohes Glas

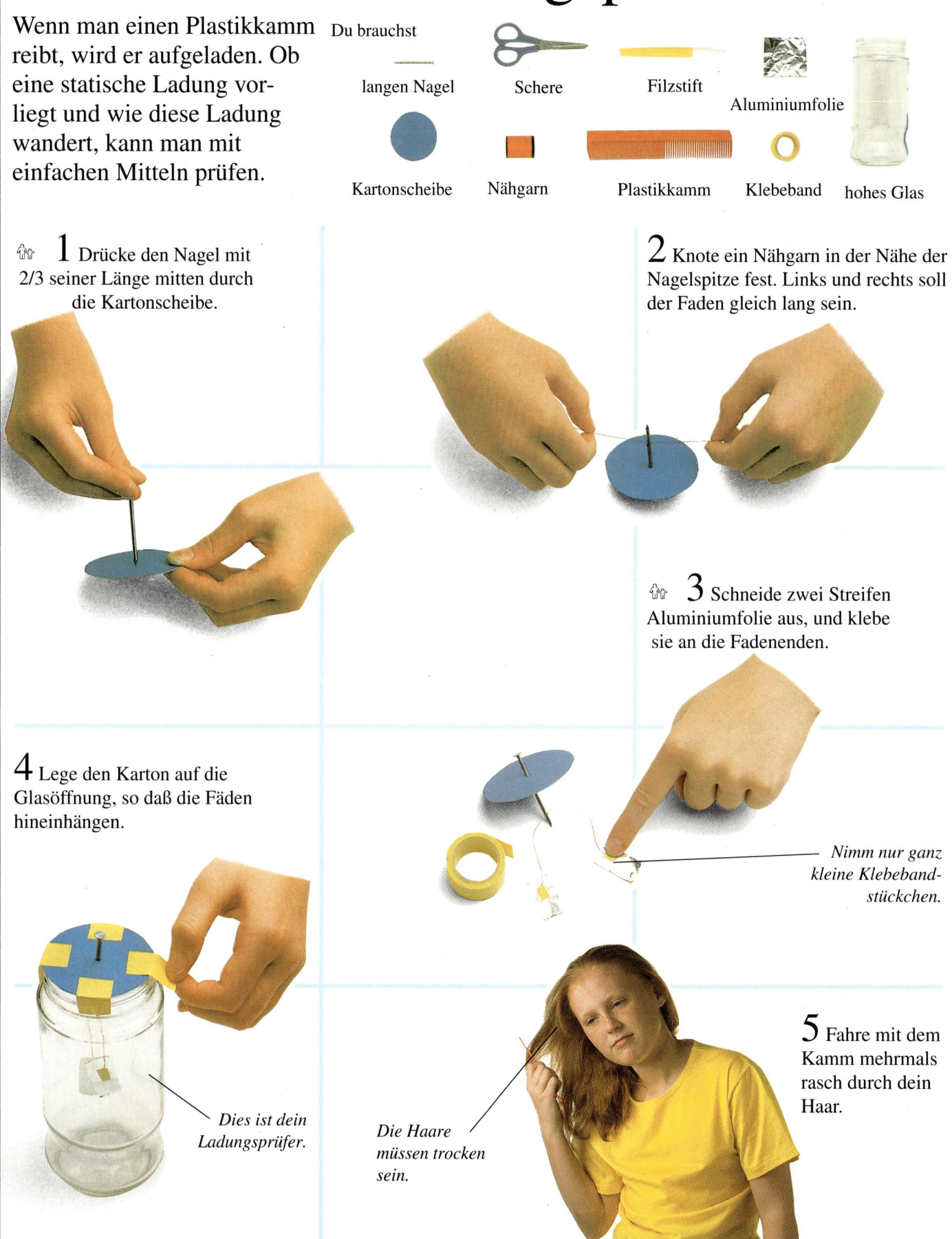

1 Drücke den Nagel mit 2/3 seiner Länge mitten durch die Kartonscheibe.

2 Knote ein Nähgarn in der Nähe der Nagelspitze fest. Links und rechts soll der Faden gleich lang sein.

3 Schneide zwei Streifen Aluminiumfolie aus, und klebe sie an die Fadenenden.

Nimm nur ganz kleine Klebebandstückchen.

4 Lege den Karton auf die Glasöffnung, so daß die Fäden hineinhängen.

Dies ist dein Ladungsprüfer.

Die Haare müssen trocken sein.

5 Fahre mit dem Kamm mehrmals rasch durch dein Haar.

6 Fahre mit dem Kamm über den Kopf des Nagels. Die Streifen bewegen sich auseinander! Die elektrische Ladung des Kammes ist an sie weitergeleitet worden.

Die Ladung wandert vom Kamm durch den Nagel in die Aluminiumstreifen.

Die aufgeladenen Streifen stoßen sich ab.

Die Ladung wandert aus den Streifen in deine Hand

7 Berühre den Nagelkopf. Die Streifen hängen wieder gerade herab. Sie sind entladen.

Die elektrische Ladung kann nicht durch den Plastikstift abwandern. Deshalb bleibt sie in den Streifen.

8 Lade die Streifen wieder auf. Versuche nun, sie mit einem Plastikstift zu entladen. Die Streifen werden auf Abstand bleiben.

Haarsträubend

Wenn du im Dunkeln einen Pullover ausziehst, kannst du vielleicht kleine Funken sehen und ein Knistern hören. Beides wird von statischen Ladungen erzeugt, die entstehen, wenn der Pullover über Hemd und Haare reibt.

87 Ein Stromkreislauf

Strom fließt durch elektrische Leiter. Wenn eine Batterie richtig angeschlossen ist, fließen elektrische Ladungen von einem Pol durch den Leiter zurück zum anderen Pol. Dies nennt man „Stromkreislauf".

Du brauchst

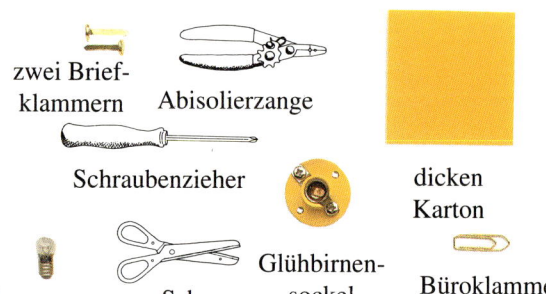

zwei Briefklammern

Abisolierzange

Schraubenzieher

dicken Karton

Klingeldraht

Batterie (Voltzahl passend zur Birne)

Glühbirne

Schere

Glühbirnensockel

Büroklammer

1 Schneide zwei Drähte ab, und entferne die Isolierung an den Enden. Drehe die blanken Drahtenden fest zusammen.

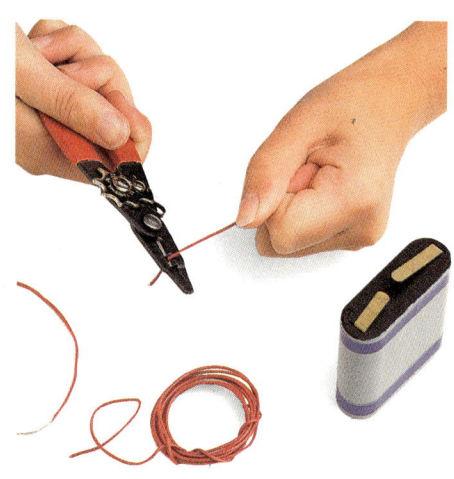

2 Befestige von jedem Draht je ein Ende an einem Batteriepol. Achte darauf, daß der blanke Draht den Batteriepol berührt.

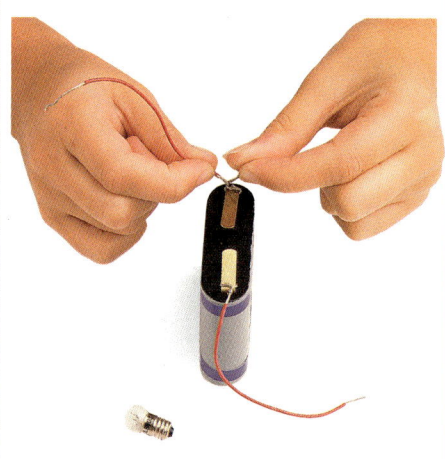

3 Halte das freie Ende des einen Drahtes an den Fuß der Glühbirne, das freie Ende des anderen Drahtes an das Gewinde. Die Birne leuchtet auf.

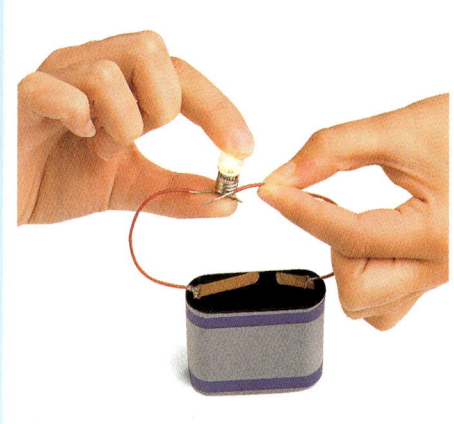

4 Drehe die Birne in den Sockel. Schraube die freien Drahtenden an den Sockel (vgl. Abbildung). Wieder leuchtet die Birne auf.

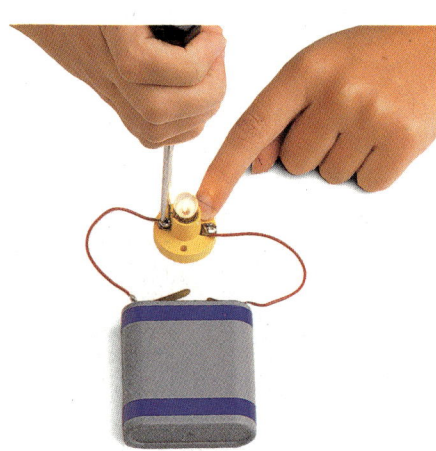

5 Unterbrich den Stromkreis, indem du von einem Batteriepol den Draht abziehst. Die Birne erlischt, weil kein Strom mehr fließen kann.

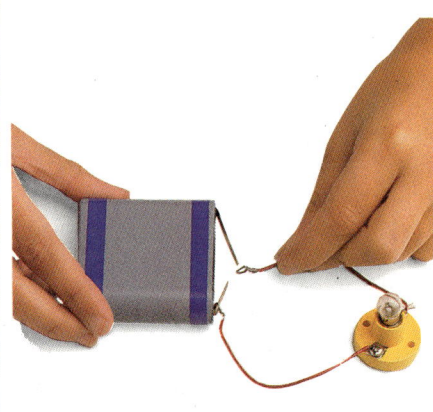

.6 Schneide ein drittes Drahtstück ab, entferne die Isolierung an den Enden, und drehe diese zusammen.

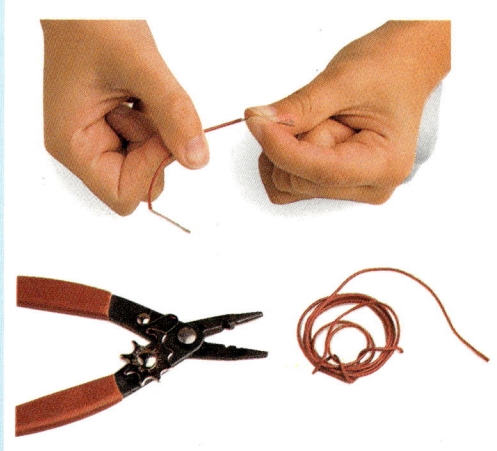

7 Befestige ein Ende des drittes Drahtes am freien Batteriepol.

8 Schneide ein Stück Karton in der Größe 3 x 5 cm aus. Dies ist die Platte für einen Schalter.

9 Wickle das Drahtende vom Glühbirnensockel um eine Briefklammer. Drücke sie durch den Karton, und biege ihre Laschen um.

10 Wiederhole Schritt 9 mit dem Draht von der Batterie. Lege eine Büroklammer unter die Briefklammer, ehe du sie durchsteckst.

Geschlossener Schalter

Strom fließt von einem Pol in einen Draht und vom anderen Draht zurück in den anderen Pol.

11 Schließe den Schalter, indem du die Büroklammer gegen die andere Briefklammer drückst. Die Birne leuchtet auf.

Das Betätigen des Schalters schließt den Stromkreis. Elektrische Ladungen fließen von einem Batteriepol durch Drähte, Schalter und Glühbirne zurück zum anderen.

Gedruckte Schaltungen

Computer, Fernseher und andere Geräte enthalten viele elektrische Bauteile. Der Strom wird hier nicht durch Drähte geleitet, sondern durch hauchdünne Metallinien, die auf Kunststoffplatten aufgedruckt sind. Die Bauteile werden auf die Platten gesteckt.

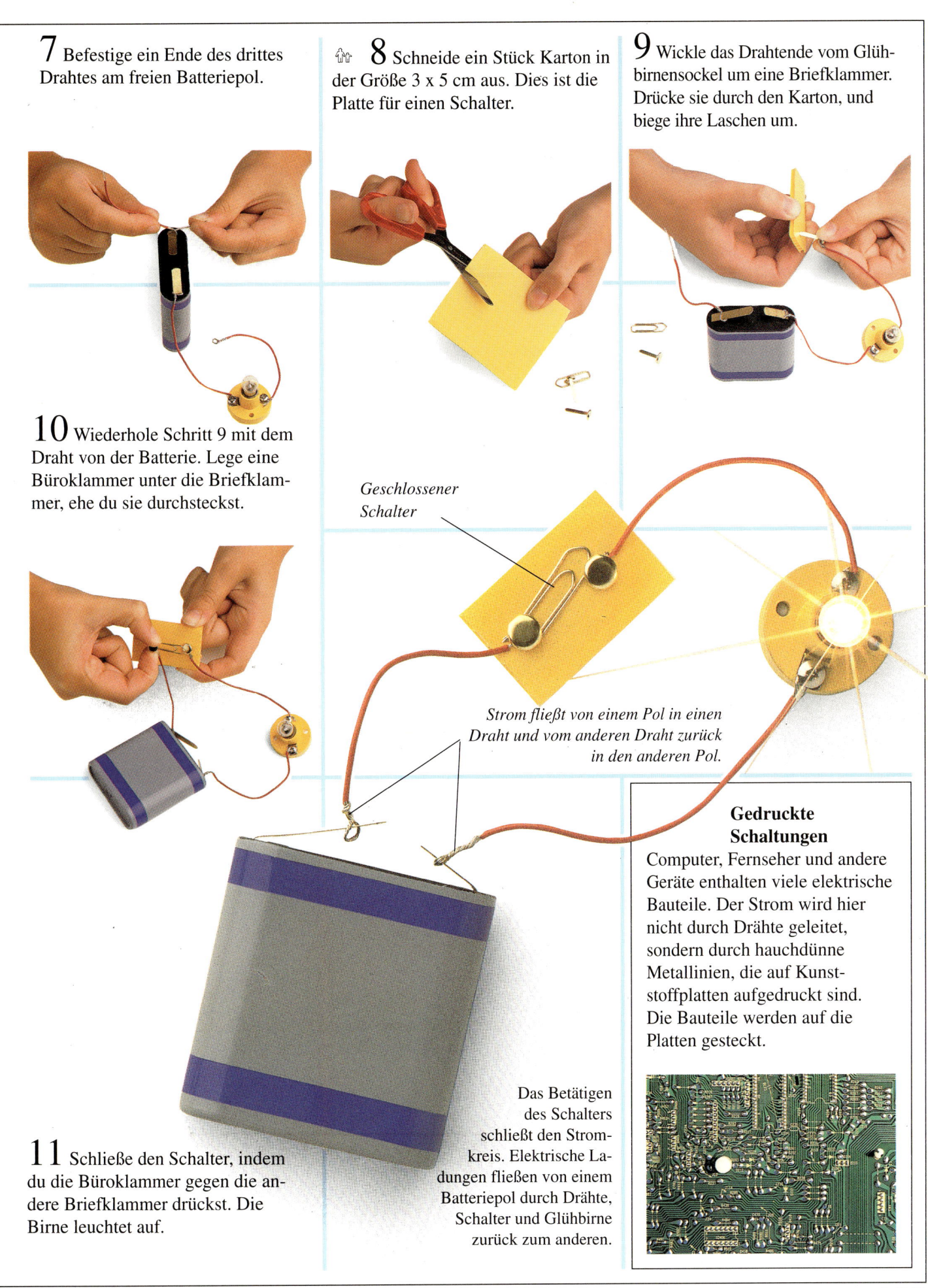

88 Der Stromkäfer

Nicht jedes Material leitet Elektrizität. Stromleitungen haben meist eine Isolierung, damit Gegenstände, die die Leitung berühren, nicht unter Strom gesetzt werden. Ein selbstgebauter „Käfer" zeigt, ob ein Gegenstand Strom leitet.

Du brauchst

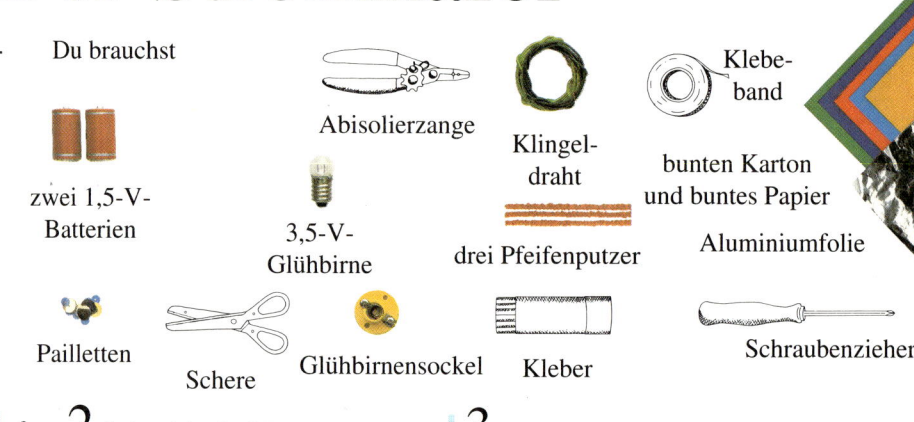

zwei 1,5-V-Batterien

3,5-V-Glühbirne

Abisolierzange

Klingeldraht

drei Pfeifenputzer

Klebeband

bunten Karton und buntes Papier

Aluminiumfolie

Pailletten

Schere

Glühbirnensockel

Kleber

Schraubenzieher

1 Lege zwischen Plus- und Minuspol zweier Batterien ein Stück Alufolie, und klebe die Batterien mit Klebeband zusammen.

2 Schneide drei Drähte zurecht: 25 cm, 12 cm und 8 cm lang. Klebe den 25 cm langen Draht an den Minuspol der unteren Batterie.

Entferne die Isolierung von den Drahtenden.

3 Verbinde die kurzen Drähte mit dem Sockel. Klebe den 8-cm-Draht an den Pluspol der oberen Batterie.

12 cm langer Draht

Schraube die Glühbirne in den Sockel.

8 cm langer Draht

4 Klebe den Sockel oben fest. Wickle Buntpapier um die Batterien und den 25-cm-Draht.

Kartonscheiben mit Pailletten sind die Käferaugen.

Der 25 cm lange Draht ist an der unteren Batterie befestigt.

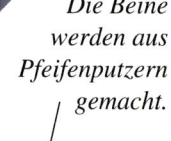

Die Beine werden aus Pfeifenputzern gemacht.

Wickle die Drahtenden in Kugeln aus Alufolie ein.

5 Der Käfer hat nun zwei Fühler mit Kugelenden. Berühre gleichzeitig mit den Kugeln verschiedene Gegenstände. Wenn der Gegenstand Strom leitet, leuchtet die Glühbirne.

Der 12 cm lange Draht ist mit dem Glühbirnensockel verbunden.

Aluminiumfolie leitet Elektrizität. Sie schließt die Lücke im Stromkreis, deshalb leuchtet die Birne.

89 Eine Batterie bauen

Jede Batterie enthält Chemikalien, mit deren Hilfe Elektrizität erzeugt wird. Mit Salz, Alufolie und ein paar Münzen kann man eine Batterie bauen.

Du brauchst

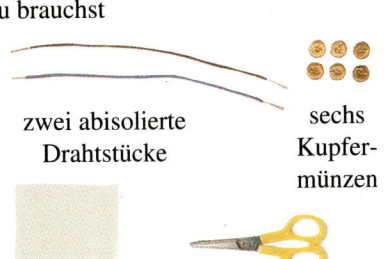

zwei abisolierte Drahtstücke

sechs Kupfermünzen

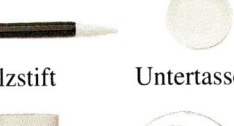

Klebeband

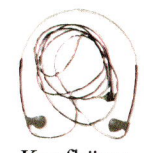

Filzstift

Untertasse

Papierhandtücher

Schere

Aluminiumfolie

warmes Salzwasser

Kopfhörer

1 Zeichne auf Papier und Alufolie je sechsmal den Umriß einer Münze. Schneide alle Umrisse aus.

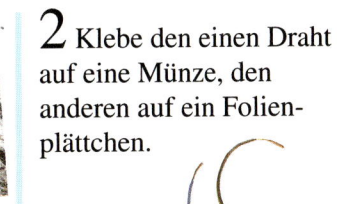

2 Klebe den einen Draht auf eine Münze, den anderen auf ein Folienplättchen.

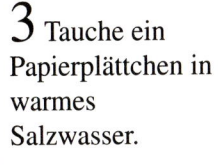

3 Tauche ein Papierplättchen in warmes Salzwasser.

4 Lege das Folienstück in die Untertasse. Lege das feuchte Papierplättchen und dann eine Münze darauf.

5 Wiederhole Schritt 4 jeweils mit den anderen Elementen. Die Münze mit dem Drahtstück kommt nach oben. Fertig ist die Batterie.

In einer Batterie

Hier siehst du, wie eine Batterie im Inneren aufgebaut ist. Die Elektrizität wird vom oberen und vom unteren Ende der Batterie geleitet.

Boden der Batterie

In Schichten angeordnete Chemikalien reagieren miteinander, sobald die Batterie in einem geschlossenen Stromkreis ist. Nach einiger Zeit sind alle Chemikalien verbraucht, und die Batterie erzeugt keinen Strom mehr.

Batteriehülle

Versuche nie, eine Batterie auseinanderzubauen. Das kann gefährlich sein.

Kopf der Batterie

6 Befestige das Ende eines Drahtes am Stecker eines Kopfhörers.

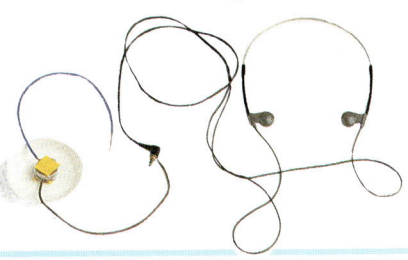

Die Elektrizität wird in den Kopfhörer geleitet und erzeugt Töne.

7 Setz die Kopfhörer auf. Kratze mit dem Ende des freien Drahtes über die Spitze des Steckers. Du hörst ein Knacken in den Kopfhörern!

Wenn Aluminium, Salz und Kupfer zusammengebracht werden, erzeugen sie Elektrizität.

90 Baue ein Karussell

Elektromotoren werden in vielen Maschinen eingesetzt. Man kann sie kaufen und damit z. B. ein Spielkarussell antreiben. Der Strom versetzt die Achse des Motors in Drehung, so daß das Karussell bewegt wird.

Du brauchst

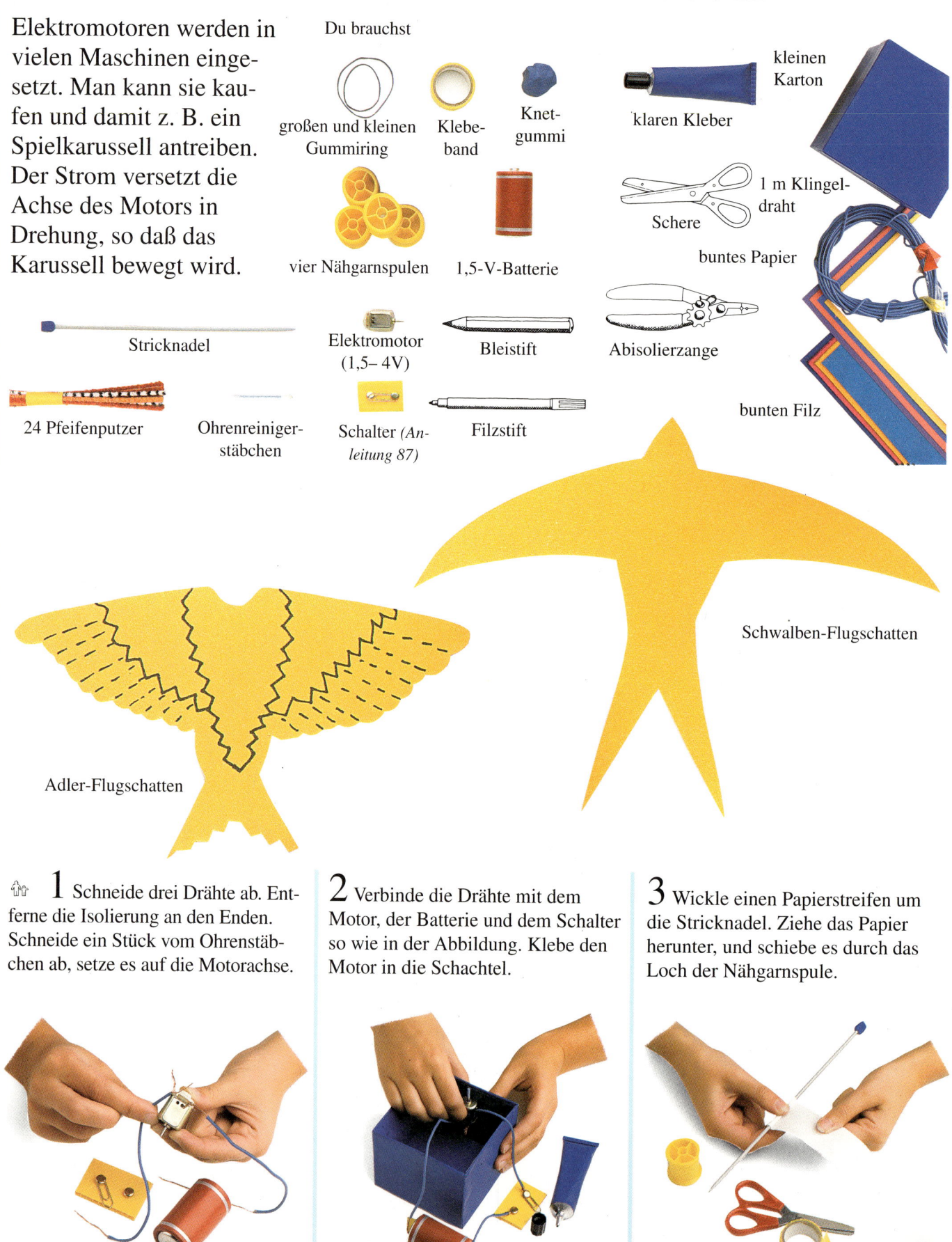

großen und kleinen Gummiring

Klebeband

Knetgummi

klaren Kleber

kleinen Karton

vier Nähgarnspulen

1,5-V-Batterie

Schere

1 m Klingeldraht

buntes Papier

Stricknadel

Elektromotor (1,5–4V)

Bleistift

Abisolierzange

bunten Filz

24 Pfeifenputzer

Ohrenreinigerstäbchen

Schalter (Anleitung 87)

Filzstift

Schwalben-Flugschatten

Adler-Flugschatten

1 Schneide drei Drähte ab. Entferne die Isolierung an den Enden. Schneide ein Stück vom Ohrenstäbchen ab, setze es auf die Motorachse.

2 Verbinde die Drähte mit dem Motor, der Batterie und dem Schalter so wie in der Abbildung. Klebe den Motor in die Schachtel.

3 Wickle einen Papierstreifen um die Stricknadel. Ziehe das Papier herunter, und schiebe es durch das Loch der Nähgarnspule.

4 Klebe die Spule auf den Boden der Schachtel. Fixiere die anderen Spulen auf der Stricknadel mit Knete, so wie in der Abbildung gezeigt.

5 Spanne den großen Gummiring um die Schachtel, den kleinen um die unterste Spule auf der Stricknadel.

6 Baue Gerüste für sechs Vögel, die auf dem Karussell sitzen sollen. Kopf, Rumpf und Flügel werden aus Pfeifenputzern geformt.

7 Zeichne je drei Adler- und drei Schwalbengestalten auf Filz. Schneide sie aus, und klebe sie auf die Gerüste.

8 Befestige die Vögel an den oberen beiden Spulen mit Pfeifenputzern und Klebeband. Stecke die Stricknadel in die fixierte Spule in der Schachtel.

9 Zieh den Gummiring auf der festgeklebten Spule bis über das Stäbchen, das auf der Motorachse steckt.

10 Schließe den Schalter, und schon kreisen die Vögel! Die Motorachse wird mit Strom aus der Batterie angetrieben, und über den Gummiring wird die Stricknadel in Drehung versetzt.

Blaue Schwalbe

Adler in Gelb, Blau und Rosa

Spanne den großen Gummiring so, daß die Nadel aufrecht stehen bleibt.

Adler in Rosa und Blau

Haltearme aus Pfeifenputzern

Der kleine Gummiring muß sehr straff sein. Er darf weder auf der Spule noch auf der Achse verrutschen.

Maschinen und Bewegung

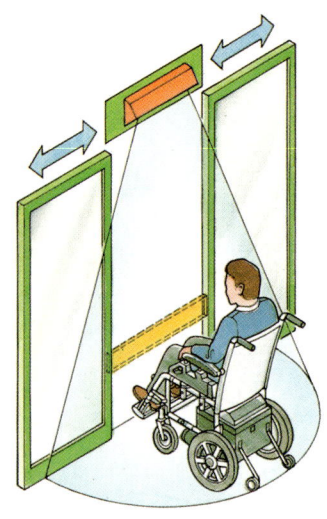

Unsere Welt ist ständig in Bewegung. Menschen und Tiere gehen, laufen, schwimmen und fliegen. Der Wind weht, und Flüsse fließen. Auch Maschinen sind in Bewegung und erfüllen dabei Aufgaben für uns Menschen. Maschinen arbeiten, weil sie von Kräften angetrieben werden. Die Kraft kann ein starker Motor aufbringen oder auch ein Mensch durch seine Muskeln.

Türöffner
Automatische Türen öffnen sich von selbst. Ein Gerät sendet unsichtbare Strahlen aus, und wenn sich ein Mensch nähert, öffnet sich die Tür.

Schnellrechner
Ein Taschenrechner ist eine kleine Maschine, die blitzschnell Berechnungen durchführt.

Perfekte Arbeit
Ein Roboter ist ein sehr fortschrittlicher Maschinentyp. Er kann so programmiert werden, daß er auch sehr schwierige Aufgaben perfekt ausführt.

Druck und Gegendruck
Diese beiden Mädchen üben gegenseitig eine Kraft aufeinander aus. Sie drücken mit ihren Händen gegeneinander und bewegen sich dadurch rückwärts.

Handliche Maschine
Auch ein Korkenzieher ist eine Maschine, wenn auch eine einfache. Seine Aufgabe könnten wir mit bloßen Händen nicht erfüllen.

91 Eine Schubkarre bauen

Maschinen können deine Kraft verstärken! Dies wirst du merken, wenn du eine einfache Schubkarre baust. Sie wirkt als „Hebel". Das ist eine Vorrichtung, die deine Kraft verstärkt.

Du brauchst

Plastiktüte

kurzen Bleistift

Nähgarnspule

Klebeband

Steine

zwei gleich lange Holzstäbe

Karton

Schuhschachtel

Schere

1 Pack die Steine in die Tüte, und hebe sie hoch. Dazu brauchst du eine bestimmte Kraft.

2 Schneide das Kartonstück so zu, daß es in die Schuhschachtel paßt. Befestige es so, daß zwei Abteile entstehen.

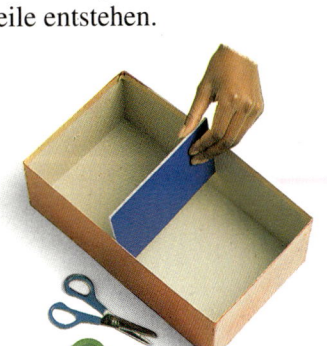

3 Befestige die Holzleisten auf der Unterseite der Schuhschachtel.

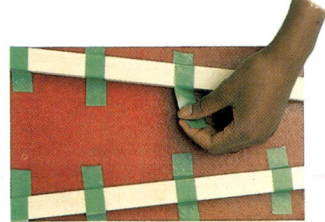

4 Schiebe den Bleistift durch das Loch der Garnspule. Befestige die Bleistiftenden an den Holzleisten.

5 Lege die Tüte in das hintere Abteil der Schubkarre. Hebe die Karre an.

Mit Hilfe der Schubkarre ist es leichter, die Steine zu heben.

Die Holzleisten bilden einen Hebel, der sich um das Rad dreht.

Je näher die Ladung am Rad ist, desto weniger Kraft muß man aufwenden.

Die Garnspule ist das Rad der Schubkarre. Die Spule muß sich leicht drehen lassen.

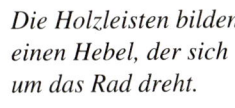

6 Lege die Steine in das vordere Abteil. Jetzt ist es noch leichter, sie zu heben.

Wenn du einen Hebel ausnutzt, bewegen sich deine Hände eine längere Strecke nach oben als die Ladung. Dieser längere Hebelweg sorgt dafür, daß du weniger Kraft aufwenden mußt.

92 Kraftmessung

Um einen Gegenstand zu bewegen, mußt du Kraft aufwenden. Je mehr Kraft du aufwendest, desto schneller wird er bewegt. Mit einem selbstgebauten Kraftmesser kannst du dies zeigen.

Du brauchst

Filzstift

Holzleiste

kleine und große Perle

Schnur   Reiß-   Gummiring   zwei Ösen-   Lineal
          zwecke   schrauben
                                            Karton-
                                            streifen

1 Hefte den Gummiring mit der Reißzwecke an ein Ende der Leiste. Verknote Schnur und Gummiring.

2 Schraube die Ösenschrauben in das Holz. Fädele die Schnur durch die Ösen und die Perlen.

3 Klebe die kleine Perle auf die Schnur. Zeichne eine Skala auf das Holz: die kleine Perle steht bei Null.

Durch die Krafteinwirkung wird der Gummiring gedehnt: Die kleine Perle schiebt die große entlang der Skala.

Die Schnur wird erst durch eine Öse gefädelt, dann durch die kleine und große Perle und zuletzt durch die andere Öse.

5 Vor jedem Versuch muß der Kraftmesser wieder auf Null gestellt werden. Probiere nun, wieviel Kraft jeweils aufgewendet wird, um den Wagen mit verschiedener Geschwindigkeit zu bewegen. Versuche es auch mit einem beladenen Wagen.

4 Knote die Schnur an ein schweres Spielzeugauto. Die Lage der großen Perle auf der Skala zeigt nach dem Versuch, wieviel Kraft aufgewendet wurde.

Eishockeyspieler müssen mit den Beinen viel Kraft aufwenden, um sich über die Spielfläche zu bewegen. Wenn ein Spieler den Puck schießt, gibt er ihm diese Bewegungsenergie mit. Der Puck ist aber viel leichter als der Spieler und somit auch sehr viel schneller.

93 Einen Gleiter bauen

Bewegt sich ein Gegenstand über eine Oberfläche, wird er durch „Reibung" abgebremst. Wenn die Reibung gering ist, bewegen sich die Gegenstände leicht, so wie dieser Gleiter.

Du brauchst

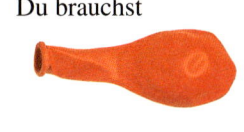

Luftballon

abgeschnittene Spitze einer Plastikflasche

1 Bitte einen Erwachsenen, ein kleines Loch in den Flaschenverschluß zu stechen. Blase dann den Ballon auf.

Der Rand der abgeschnittenen Flaschenspitze muß glatt und eben sein.

2 Klemme den Hals des Ballons zu, damit keine Luft entweicht. Stülpe die Ballonöffnung über den Flaschenverschluß.

3 Laß den Hals des Ballons los. Stoße die Flaschenspitze sachte an. Sie gleitet über den Tisch!

Die ausströmende Luft hebt die Flaschenspitze ein wenig an: Die Reibung wird verringert.

94 Reibungstest

Auf einer glatten Oberfläche, z. B. Eis, gleitet man viel besser als auf einer rauhen. Rauhe Oberflächen erzeugen mehr Reibung als glatte, und Reibung verlangsamt die Bewegung.

Du brauchst

Schraubenzieher

Reißzwecken

Messer

Filzstift

Scharnier und Schrauben

Winkelmesser

Lineal

Holzklotz

zwei Holzleisten

Viertelkreis aus Karton

Testoberflächen (Filz, Sandpapier, Karton)

1 Schraube das Scharnier an die Holzleisten. Eine Leiste bleibt liegen, die andere kann aufgerichtet werden.

2 Zeichne mit Winkelmesser und Lineal eine Winkelskala auf den Viertelkreis. Befestige sie mit den Reißzwecken an der waagerechten Holzleiste. Befestige eine Testfläche auf der beweglichen Holzleiste.

3 Lege den Holzklotz auf das Ende der Holzleiste. Kippe die Leiste, bis der Block zu gleiten beginnt. Der Winkel zeigt, ob die Testfläche viel oder wenig Reibung verursacht.

Je größer die Neigung, desto größer die Reibung.

Um die Reibung zu verringern, kann man Öl verwenden.

95 Kreisbewegung

Bewegt sich ein Gegenstand im Kreis, wirkt auf ihn die sogenannte „Zentripetalkraft" ein. Sie sorgt dafür, daß der Gegenstand auf einer Kreisbahn bleibt, statt wegzufliegen.

Du brauchst

Holzklotz mit Loch

Nähgarnspule

Korken

Schnur

Bohrer

1 Bohre ein Loch in Längsrichtung durch den Korken. Mache einen dicken Knoten in das eine Schnurende, fädele das andere Ende durch Korken und Garnspule.

2 Binde den Holzklotz an das andere Ende der Schnur. Die Schnur muß leicht durch Spule und Korken gleiten können. Der Korken darf nicht über den Knoten rutschen.

3 Nimm die Garnspule, und schwinge sie so, daß der Korken sich im Kreis bewegt. Der Holzklotz wird angehoben, während der Korken kreist.

Der Korken will nach außen fliegen.

Das Gewicht des Klotzes zieht nach unten. Dies ist die Zentripetalkraft, die den Korken auf der Bahn hält.

96 Eine Kupplung

Eine Kupplung besteht aus zwei Rädern, die sich gegenseitig antreiben. Das kleinere wird dabei vom größeren in schnellere Drehung versetzt. So kann man die Geschwindigkeit von Maschinen verändern.

Du brauchst

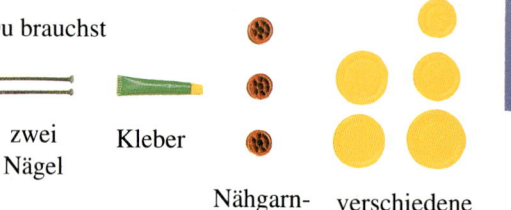

zwei Nägel

Kleber

Nähgarnspulen

verschiedene Marmeladenglasdeckel

dicken Karton

Sandpapier

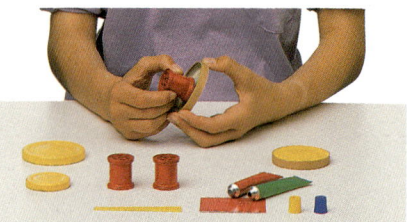

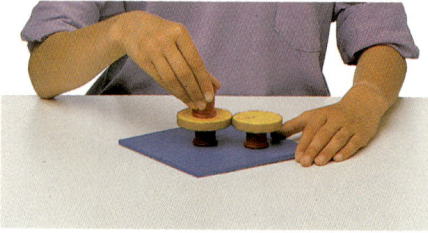

1 Klebe Sandpapierstreifen um die Deckelränder. Klebe die Spulen in die Deckel (vgl. Bild).

2 Stich die Nägel durch den Karton. Dies sind die Achsen für die Kupplungsräder.

3 Setze verschiedene Räder auf die Nägel, so daß sie sich berühren. Setze eine Spule auf ein Rad, und drehe es.

97 Ein Automat

Damit Maschinen funktionieren, müssen sie meistens von Menschen bedient werden. Aber es gibt Maschinen, die keine Kontrolle brauchen. Diese hier sortiert automatisch Murmeln.

Du brauchst

Strohhalm

Schaschlikspieß

Schere

Kleber

Klebeband

Knetgummi

lange Schachtel

zwei kurze Schachteln

große und kleine Kartonstücke

große und kleine Murmeln

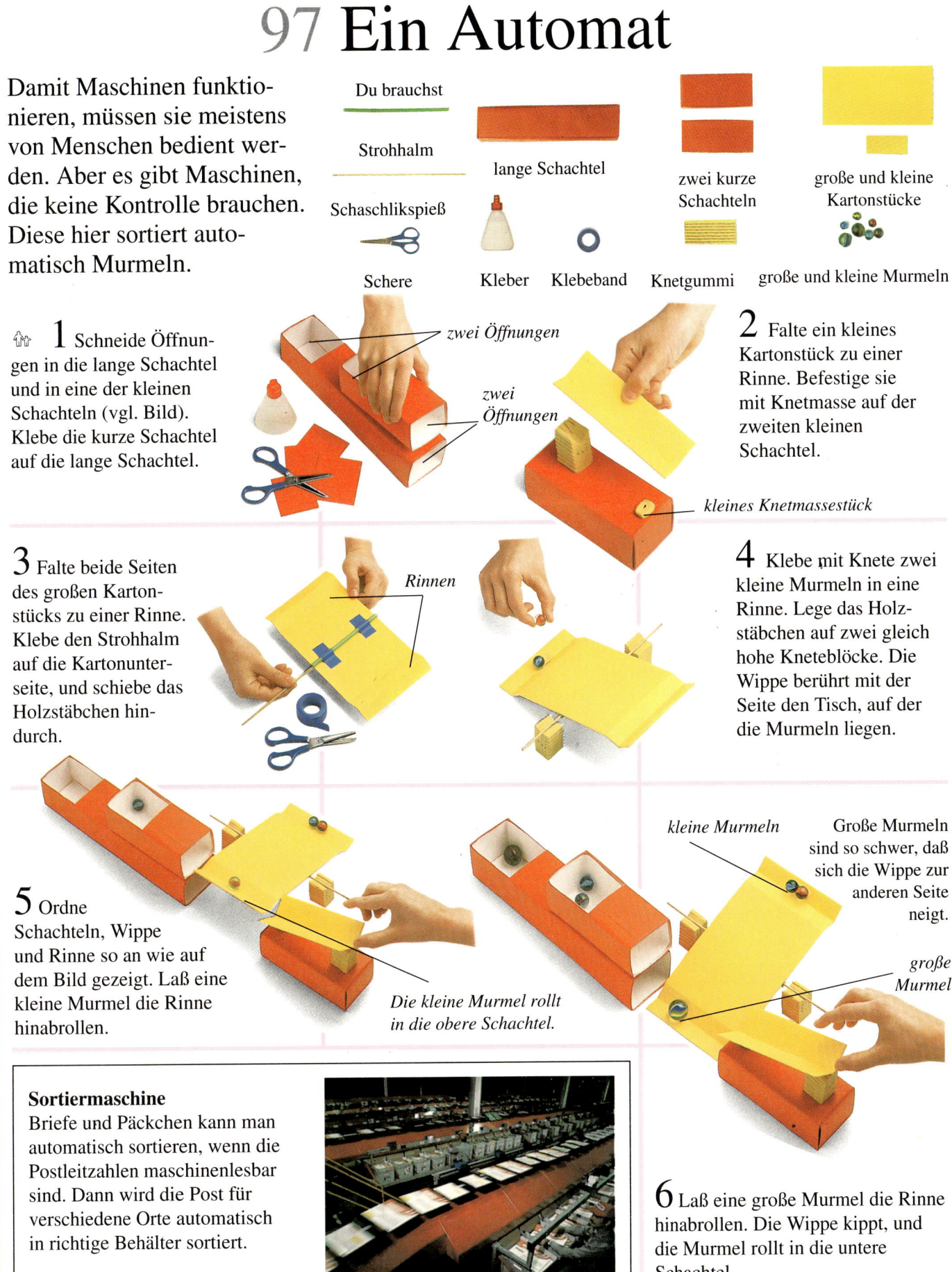

1 Schneide Öffnungen in die lange Schachtel und in eine der kleinen Schachteln (vgl. Bild). Klebe die kurze Schachtel auf die lange Schachtel.

zwei Öffnungen

zwei Öffnungen

2 Falte ein kleines Kartonstück zu einer Rinne. Befestige sie mit Knetmasse auf der zweiten kleinen Schachtel.

kleines Knetmassestück

3 Falte beide Seiten des großen Kartonstücks zu einer Rinne. Klebe den Strohhalm auf die Kartonunterseite, und schiebe das Holzstäbchen hindurch.

Rinnen

4 Klebe mit Knete zwei kleine Murmeln in eine Rinne. Lege das Holzstäbchen auf zwei gleich hohe Kneteblöcke. Die Wippe berührt mit der Seite den Tisch, auf der die Murmeln liegen.

5 Ordne Schachteln, Wippe und Rinne so an wie auf dem Bild gezeigt. Laß eine kleine Murmel die Rinne hinabrollen.

Die kleine Murmel rollt in die obere Schachtel.

kleine Murmeln

Große Murmeln sind so schwer, daß sich die Wippe zur anderen Seite neigt.

große Murmel

Sortiermaschine
Briefe und Päckchen kann man automatisch sortieren, wenn die Postleitzahlen maschinenlesbar sind. Dann wird die Post für verschiedene Orte automatisch in richtige Behälter sortiert.

6 Laß eine große Murmel die Rinne hinabrollen. Die Wippe kippt, und die Murmel rollt in die untere Schachtel.

98 Ein Ventilator

Behalte einen kühlen Kopf: mit einem selbstgebauten Ventilator. Zu dieser Maschine gehört ein Treibriemen. Er läßt den Ventilator schneller herumwirbeln, als du die Kurbel drehst.

Du brauchst

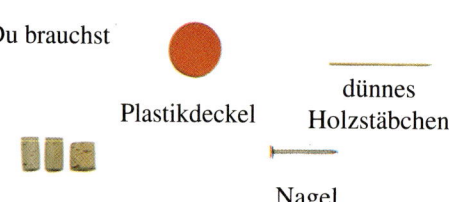

Plastikdeckel — dünnes Holzstäbchen — Hammer — Messer

drei Korken — Nagel — Briefklammer — Reißzwecke

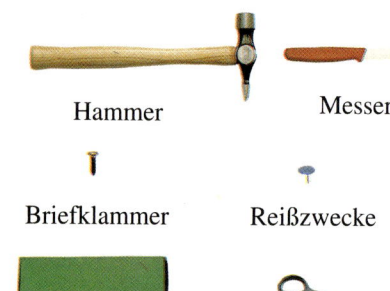

steifes Plastik — breiten Gummiring — Schachtel — Schere

1 Ein Erwachsener soll mit dem Nagel zwei Löcher in eine Schachtelseite stechen, ein drittes auf die entgegengesetzte Seite – einem der ersten gegenüberliegend. Dann noch zwei Löcher in den Plastikdeckel.

Die Löcher sollen jeweils 5 cm Abstand zu Ober- und Unterkante der Schachtel haben.

Stecke die Briefklammer durch den Deckel und eines der Löcher. Die Kurbel muß sich leicht drehen können.

2 Befestige mit der Reißzwecke einen Korken am Deckel. Dies ist deine Kurbel.

Ein Loch kommt in die Mitte des Deckels, das andere an den Rand.

3 Befestige die Kurbel mit der Briefklammer an der Schachtel.

Die Schlitze sollen schräg stehen.

4 Bitte einen Erwachsenen, vier Schlitze in einen Korken zu schneiden.

5 Schneide vier lange Plastikstreifen ab. Sie sollen so breit sein, wie die Schlitze im Korken lang sind.

6 Stecke die Plastikstreifen in die Schlitze. Stich das Holzstäbchen in den Kork.

7 Schiebe das Stäbchen durch die gegenüberliegenden Löcher der Schachtel. Die Spitze muß auf der Rückseite herausragen.

Schiebe das Stäbchen ganz durch die Schachtel.

8 Drücke den dritten Korken auf die Spitze des Stäbchens. Spanne den breiten Gummiring über Korken und Kurbel. Der Ventilator ist fertig.

Der Gummiring ist ein Treibriemen, der zwei „Räder" verbindet: den Deckel und den Korken.

Der Gummiring sollte nicht zu straff sitzen.

Drehgeschwindigkeit

Eine Fahrradkette ist wie ein Treibriemen, der dafür sorgt, daß das Hinterrad sich schneller dreht als die Pedale. Beim Gangwechsel springt die Kette auf ein anderes Kettenblatt. Die Größe des Kettenblattes beeinflußt die Drehgeschwindigkeit des Hinterrads. Größere Kettenblätter sorgen für höhere Geschwindigkeit.

9 Drehe die Kurbel des Ventilators: Die Flügel drehen sich und schaufeln Luft nach vorn!

Die Flügel drehen sich schneller als die Kurbel.

Der Deckel ist ein größeres Rad als der Korken. Deshalb dreht sich der Korken schneller als der Deckel.

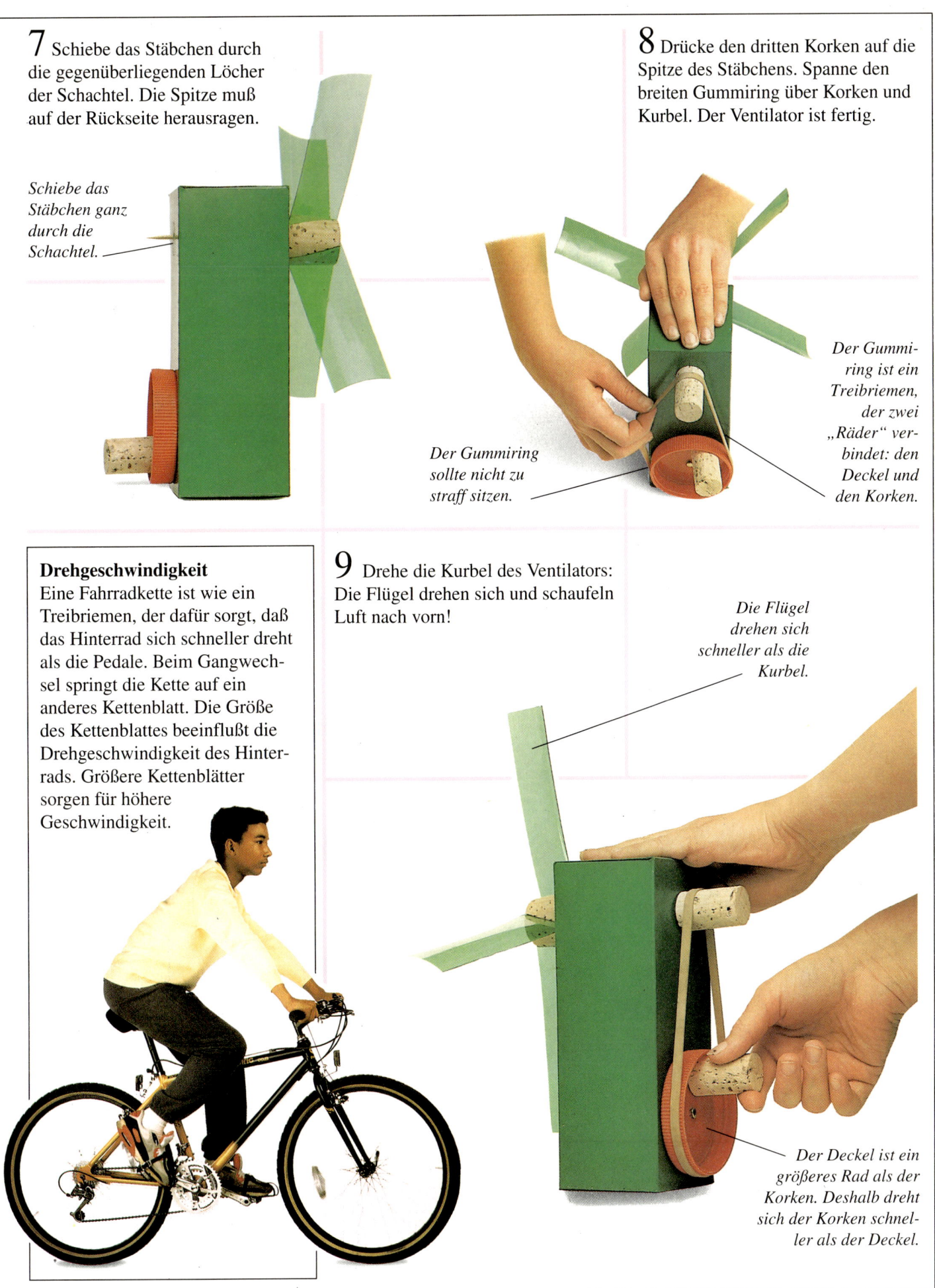

99 Ein Wasserrad

Die meisten Maschinen haben einen Motor, der die Energie erzeugt, mit der sie arbeiten. Der älteste Energieüberträger ist das Wasserrad. Es nutzt die Energie von strömendem oder fallendem Wasser, um eine Maschine anzutreiben. Noch heute sind Wasserräder in Gebrauch.

Du brauchst

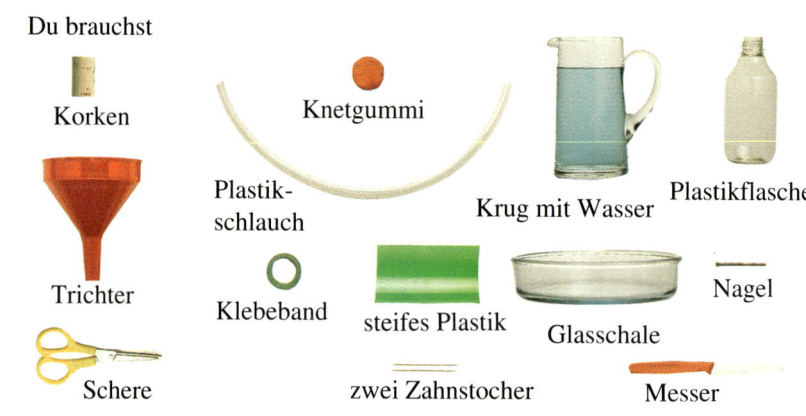

Korken

Knetgummi

Plastik-schlauch

Krug mit Wasser

Plastikflasche

Trichter

Klebeband

steifes Plastik

Glasschale

Nagel

Schere

zwei Zahnstocher

Messer

1 Schneide mit dem Messer vier Schlitze in den Korken.

2 Schneide vier Plastikstreifen ab. Sie sollen so lang sein wie der Korken.

3 Stecke die Plastikstreifen in die Schlitze. Dies ist dein Wasserrad.

Die Plastik-streifen müssen fest sitzen.

4 Stich mit dem Nagel zwei gegenüberliegende Löcher in die Plastikflasche.

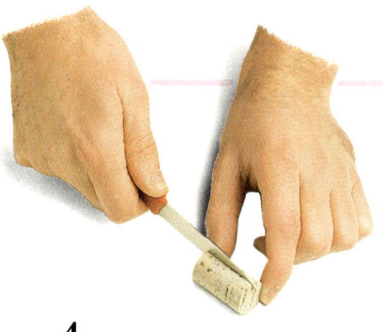

5 Schneide den Flaschenboden ab. Der Rand muß gerade sein, damit die Flasche nicht umfällt.

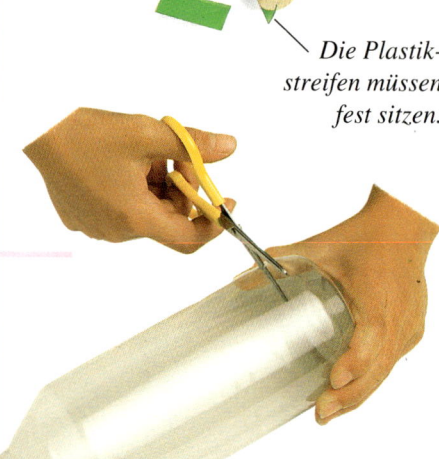

Bedecke die Spitzen der Zahnstocher mit Knete.

6 Stecke einen Zahnstocher in das eine Ende des Kor-kens. Befestige die ganze Konstruktion in der Flasche.

7 Stecke den anderen Zahnstocher durch das andere Loch, und drücke ihn fest in den Korken.

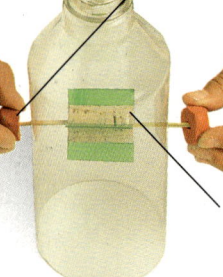

Das Wasserrad muß sich leicht drehen können.

8 Stecke den Trichter in das eine Ende des Plastikschlauches. Überklebe die Verbindungsstelle gut mit Klebeband.

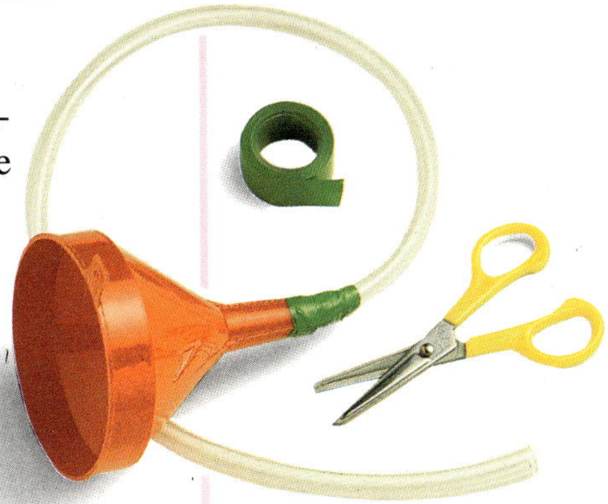

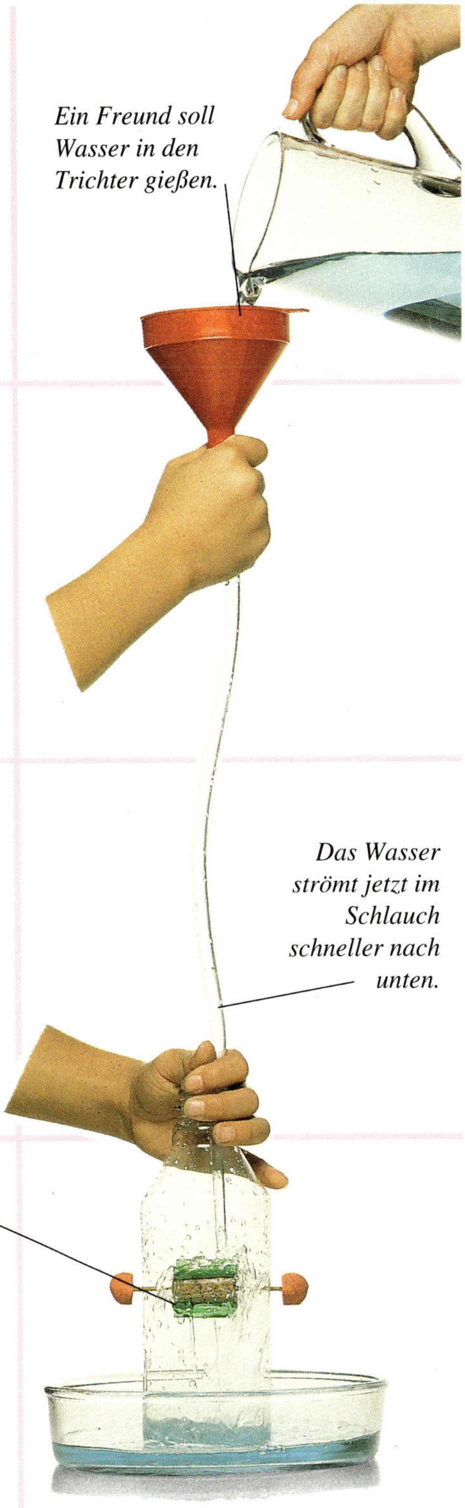

Ein Freund soll Wasser in den Trichter gießen.

9 Stell die Flasche in die Glasschale. Halte den Plastikschlauch in die Flaschenöffnung. Gieß Wasser in den Trichter, und schon dreht sich das Wasserrad.

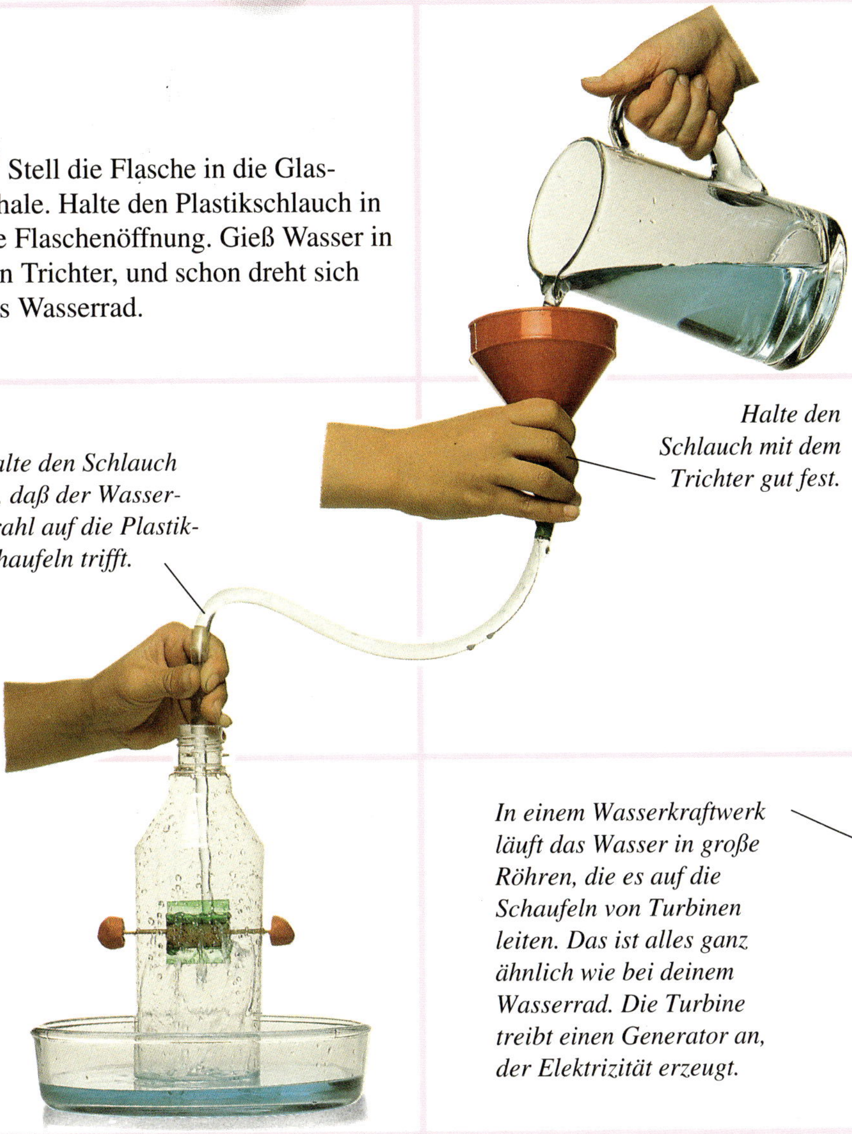

Halte den Schlauch mit dem Trichter gut fest.

Halte den Schlauch so, daß der Wasserstrahl auf die Plastikschaufeln trifft.

Das Wasser strömt jetzt im Schlauch schneller nach unten.

In einem Wasserkraftwerk läuft das Wasser in große Röhren, die es auf die Schaufeln von Turbinen leiten. Das ist alles ganz ähnlich wie bei deinem Wasserrad. Die Turbine treibt einen Generator an, der Elektrizität erzeugt.

Windkraft
Hier siehst du Windräder. Sie funktionieren ähnlich wie Wasserräder, außer daß sie strömende Luft nutzen statt Wasser. Der Wind treibt die Turbinenschaufeln an, die wiederum einen Stromgenerator antreiben.

10 Hebe den Trichter etwas höher. Das Wasser fließt nun schneller durch den Schlauch und treibt das Wasserrad dadurch schneller an.

117

100 Mit Wasserkraft heben

Du kannst einen schweren Gegenstand anheben und brauchst dazu nur ein bißchen Wasser. Die Verwendung von Wasser für solche Zwecke nennt man „Hydraulik".

Du brauchst

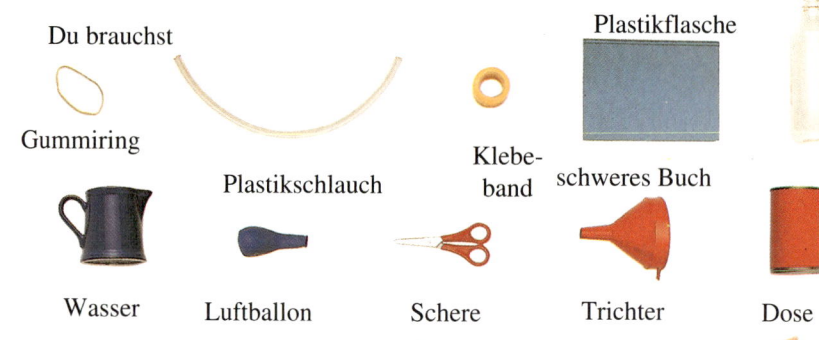

Gummiring

Plastikschlauch

Klebeband

Plastikflasche

schweres Buch

Wasser   Luftballon   Schere   Trichter   Dose

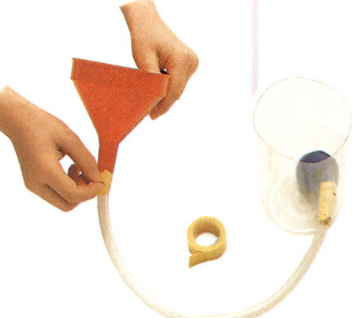

1 Zieh den Hals des Ballons über ein Schlauchende. Umwickle die Verbindung gut mit Klebeband.

2 Schneide die Spitze der Flasche ab. Mache seitlich, nahe am Boden, ein Loch in die Flasche.

3 Stecke den Ballon durch das Loch in die Flasche.

4 Klebe den Trichter am anderen Schlauchende sorgfältig fest.

5 Stell die Dose auf den Ballon in der Flasche. Lege dann das schwere Buch auf die Flasche.

Graben und heben

Starke Maschinen wie diese Planierraupe arbeiten mit Hydraulik. Eine Pumpe drückt eine Flüssigkeit in Zylinder hinein, worauf die Kolben aus den Zylindern herausgedrückt werden. Die Kolben bewegen die Schaufel der Planierraupe.

6 Hebe den Trichter hoch, und gieße etwas Wasser hinein. Der Ballon schwillt langsam an und hebt das schwere Buch hoch!

Der anschwellende Ballon übt genug Kraft aus, um das schwere Buch hochzuheben.

Den Trichter mußt du höher halten als das Buch.

Das Gewicht des Wassers im Schlauch drückt Wasser in den Ballon hinein.

101 Ein Kran

Ein Kran kann eine schwere Ladung hoch in die Luft heben. Er hat einen Flaschenzug, über den er seine Kraft ausübt, und ein Gegengewicht, damit er beim Heben nicht umfällt.

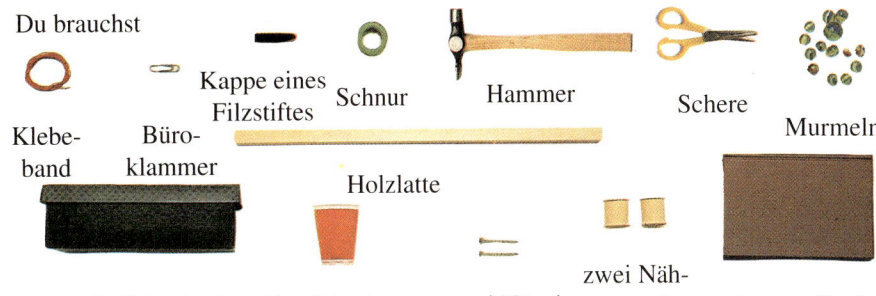

Du brauchst

Kappe eines Filzstiftes — Schnur — Hammer — Schere — Murmeln

Klebe-band — Büro-klammer

Holzlatte

stabile Schachtel — Plastikbecher — zwei Nägel — zwei Näh-garnspulen — schweres Buch

1 Nagele zwei Spulen auf der Holzleiste fest (vgl. Bild).

Mache es so, daß sich die Spulen leicht drehen können.

2 Schneide ein Loch in die Schachtel. Schiebe die Holzleiste schräg hinein.

Das Holz muß fest-sitzen und darf nicht wackeln.

3 Schneide ein kurzes Stück Schnur ab. Klebe es als Griff quer über den Becher.

4 Schiebe die Filzstiftkappe in die untere Spule. Klebe die Schnur an dieser Spule fest. Dies ist die Kurbel.

5 Ziehe die Schnur über die obere Spule. Halte sie fest, und wickle sie auf die untere Spule auf.

Die Kappe ist dein Griff.

6 Biege die Büroklammer auf, und mache einen Kranhaken daraus. Binde sie an das Ende der Schnur.

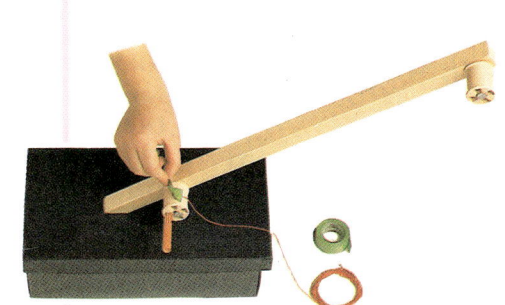

Die obere Spule ist das Rad eines Flaschenzuges. Sie lenkt die ab-wärts gerichtete Kraft der Kurbel in eine aufwärts gerichtete Kraft um.

7 Lege das Buch auf die Schachtel. Fülle den Becher mit Murmeln, und hänge ihn an den Haken. Drehe an der Kurbel, um die Ladung hochzuheben.

Das Buch ist ein Gegen-gewicht. Es verhindert, daß das Gewicht der gehobenen Last den Kran umkippen läßt.